La Cuisine du Maghreb

La Cuisine du Maghreb

SPÉCIALITÉS DU MAROC,
DE LA TUNISIE ET DE L'ALGÉRIE

Hilaire Walden

KÖNEMANN

Ce livre a été conçu et réalisé par Quintet Publishing Limited
6 Blundell Street, London N7 9BH

Directeur artistique : Richard Dewing
Design : Ian Hunt
Responsable éditorial : Claire Tennant-Scull
Photographe : David Armstrong
Photographies en extérieur : Nick Bailey, Life File

Titre original : *North African Cooking*

Cet ouvrage est un format réduit du même titre paru aux éditions Könemann.

Traduction : Francine Rey, Bondy
Translittération des mots arabes : Anne-Marie Luginbuhl, Paris
Réalisation et relecture : Cosima de Boissoudy, Paris
Corrections : Stéphanie Aurin
Fabrication : Ursula Schümer
Impression et reliure : Midas Printing Limited
Imprimé à Hong Kong

ISBN 3-8290-4801-7

10 9 8 7 6 5 4 3 2 1

Sommaire

Introduction

Trois pays bordent les rives du sud de la Méditerranée : l'Algérie, le Maroc et la Tunisie, que l'on regroupe également sous le nom de pays du Maghreb et qui constituent l'Afrique du Nord.

La cuisine de cette région est aujourd'hui populaire dans le monde entier. Raffinée, colorée et parfumée, elle évoque par ses épices la magie et l'exotisme de l'Afrique du Nord.

Ces trois pays ont chacun leur propre style culinaire, tout en partageant de nombreuses similarités et recettes : les *tajines* sont des plats épicés, cuits doucement et longtemps, que l'on retrouve partout, de même que les couscous, cuisinés à la vapeur avec de la semoule, les plats d'agneau aux herbes, ou les desserts et pâtisseries riches en couleurs et incroyablement sucrés, ou encore les tartes et gâteaux à base de *warka*, une pâte feuilletée extrêmement fine.

Chaque pays a bien sûr des spécificités et une préférence pour certains épices et plats nationaux. Les Marocains aiment les saveurs riches et suaves, et parfument souvent leurs plats au safran. Les Tunisiens ont un penchant pour les mets plus relevés et plus piquants, tandis que les Algériens préfèrent une cuisine moins épicée.

Les origines de la cuisine d'Afrique du Nord sont multiples et puisent dans des cultures très anciennes. Les différents peuples qui ont successivement envahi ou traversé l'Afrique du Nord, ou encore fait commerce avec elle au cours des siècles, ont tous laissé des traces de leur passage : le penchant pour l'association de viande et de fruits remonte aux Perses, la fameuse tarte au pigeon dite *bstilla* vient d'Andalousie, par l'intermédiaire des Maures, et la *tchatchouka* tunisienne, un plat de poivrons et tomates à l'œuf, rappelle le *ménémem* turc.

Il y a deux mille ans, le Maroc, la Tunisie, l'Algérie et la Libye ne formaient qu'un seul pays, le Maghreb. C'était la terre des Berbères, au teint et aux cheveux clairs et aux traits fins. Les traditions culinaires des Berbères et des Bédouins, des Arabes nomades, se retrouvent aujourd'hui encore dans l'emploi des dattes, du *smen* (une sorte de beurre rance) et des céréales. L'ingéniosité découlant de la nécessité, les Bédouins ont découvert la facilité d'adaptation des différentes variétés de céréales, il y a plusieurs siècles. Ils ont aussi découvert comment produire, à base de céréales fermentées, une « levure » naturelle pour la fabrication de pains au levain. Selon certaines sources, ce serait les Bédouins qui auraient inventé les pâtes sèches, une manière de conserver la pâte durant leurs longs voyages à travers le désert et qui les auraient emmenées

À DROITE : *Impressionnant paysage d'Afrique de Nord qui se découpe dans un ciel sans nuage et d'un bleu intense.*

PAGE CI-CONTRE : *Mirhab de Tinmel, Maroc.*

avec eux jusqu'en Sicile, d'où elles se seraient répandues à travers toute l'Italie.

Grâce à sa côte très étendue, l'Afrique du Nord a toujours été d'un accès facile pour les marchands et les conquérants de toutes sortes. Le premier siècle avant J.-C. est marqué par l'arrivée des commerçants phéniciens; ils introduisent les saucisses séchées — ancêtres des petites saucisses épicées d'Algérie, les *merguez* — inventées pour conserver la viande durant leurs longs voyages. Les Carthaginois apportèrent avec eux le blé dur et son dérivé, la semoule. Celle-ci, transformée par les Berbères en couscous, reste aujourd'hui un ingrédient de base dans cette région du monde.

La Conquête arabe au VIIe siècle marque l'établissement de la religion musulmane. Celle-ci demeure l'influence culturelle prédominante, autant dans la pratique culinaire que dans beaucoup d'autres aspects de la vie quotidienne. Les Arabes, qui étaient depuis longtemps les plus grands marchands d'épices, introduisent un grand nombre d'épices exotiques, tels que le safran, la noix de muscade, le gingembre, les clous de girofle et la cannelle des Moluques.

Les Maures, émigrant de leur plein gré ou chassés hors d'Espagne, introduisent des produits d'Andalousie tels que les olives et l'huile d'olive. Des fruits comme les oranges, les pruneaux et les pêches voyagent également d'une rive à l'autre de la Méditerranée.

Le XIVe siècle est marqué par l'arrivée des Ottomans turcs, qui amènent avec eux les pâtisseries sucrées au parfum délicat. Plus tard, ce sera le tour des marchands et des colons d'Europe, dont quelques influences subsistent. Le thé, par exemple, a été importé par les marchands britanniques qui en avaient entreposé de grands stocks à Tanger et à Mogador, alors qu'ils cherchaient de nouveaux marchés durant la Guerre de Crimée.

Aujourd'hui, les cartes des restaurants sont aussi bien écrites en espagnol qu'en anglais ou en français. Le raffinement français a été assimilé au point de faire partie intégrante de la culture maghrébine. On parle le français dans les trois pays, et plus particulièrement en Algérie où la présence française a été la plus longue. La classe moyenne algérienne parle aussi volontiers le français que l'arabe, et les ménagères préfèrent les baguettes de pain au *kesra* arabe.

Quelques ingrédients, aujourd'hui très représentatifs de l'Afrique du Nord, ont en fait été importés du Nouveau Monde: les tomates, les pommes de terre, les courgettes et les piments, dont le paprika et le poivre de Cayenne, essentiels dans la cuisine nord-africaine.

Le repas en Afrique du Nord

L'hospitalité est importante pour les Nord-Africains et les repas sont préparés comme autant de généreuses offrandes pour la famille, les amis et même les passants, qu'ils soient invités à entrer ou présents par hasard. La table est toujours dressée avec une grande variété de plats. Les rituels anciens qui accompagnent le repas sont toujours respectés par les tribus nomades. Les fêtes — au cours desquelles le *mechoui* est le repas principal — restent appréciées des Bédouins. Le *mechoui* a été adapté à la ville, où on le coupe en deux ou en quatre avant de le faire rôtir à la braise.

Dans la classe moyenne, les repas sont servis avec une élégance très formelle. Des mosaïques aux couleurs vives décorent les murs de la salle à manger, de superbes tapis tissés recouvrent les sols, le mobilier est composé de meubles sculptés à la main et d'une argenterie de style baroque. Les convives prennent place autour de tables basses (*tebla* ou *mida*) et, en silence, un domestique ou un jeune membre de la famille passe auprès de chacun en lui présentant un bol d'eau parfumée, qu'il tient au-dessous des mains du convive, tout en versant sur celles-ci l'eau d'un broc (*yed ettas*) ; il tend ensuite une serviette à chacun.

La nourriture se mange traditionnellement avec le pouce, l'index et le majeur de la main droite (la main gauche est considérée comme impropre) ; manger avec un seul doigt est interprété comme un signe de haine, avec deux doigts comme un geste de fierté et, enfin, manger avec trois doigts est conforme au Prophète Mahomet, tandis qu'utiliser quatre ou cinq doigts est un signe de gourmandise.

Le pain permet de finir les jus de cuisson et les sauces, et de porter la nourriture jusqu'à la bouche. Le blé, sous la forme de couscous et de pain, constitue l'ingrédient de base.

Le taux d'alphabétisation étant resté longtemps très bas, le savoir culinaire et les recettes ont toujours été transmis oralement, de mère en fille. La cuisine a du reste toujours été considérée comme la tâche des femmes, et une épouse nord-africaine consacre beaucoup de temps à la préparation des repas. À l'occasion des fêtes de famille, les parentes et amies se réunissent toutes à la cuisine pour aider aux préparatifs; elles partagent et se transmettent ainsi leurs recettes, savoir-faire et connaissances.

Les ustensiles

Les cuisines nord-africaines sont équipées très simplement, avec juste les ustensiles essentiels. La main d'œuvre est abondante et bon marché. Aussi, bien des tâches sont exécutées à la main. Les fours sont rares, même dans les cuisines de restaurant. Les plats qui doivent être cuits au four sont amenés au four du quartier. Les balances sont tout aussi rares et l'on mesure les aliments à l'œil et au toucher.

Dans une cuisine traditionnelle, il n'y a pas de chaises, voire pas de table non plus. Les cuisinières sont souvent assises à même le sol pour préparer et cuire leurs plats. On trouve parfois un ou deux tabourets, ou un tapis enroulé qui fait office de siège. À la campagne, une cuisine traditionnelle typique comprend les ustensiles de base décrits ci-dessous.

Le couscoussier est composé de deux parties, un fond en fer blanc, aluminium, inox ou terre cuite (*guedra*) dans lequel sont cuits la viande, la volaille et les légumes et une partie supérieure, la *keskas*, destinée au couscous. Cette partie, dont le fond est perforé, se place sur la *guedra* de façon à ce que la vapeur qui se dégage de la partie inférieure passe au travers et parfume la semoule. À défaut de couscoussier, on peut utiliser une casserole avec une passoire s'ajustant bien sur le dessus, ou une marmite à vapeur.

Le genboura est un plat en terre cuite émaillée, beaucoup plus large que haut, servant à conserver l'eau.

La ghorbal est une passoire au fond en métal perforé, utilisée pour tamiser la semoule selon la taille du grain.

Le gsaa est un grand plat peu profond en bois ou en terre cuite non émaillée, muni d'un bec verseur de 10 cm, utilisé pour la pâte à gâteau, à pain et à pâtisserie, ainsi que pour mélanger et laisser reposer les grains de semoule pour le couscous.

Le khabias est un pot en terre cuite assez haut mais peu large, utilisé pour conserver la viande ou stocker la farine, le maïs et les légumes secs.

La mghorfa est une grande cuillère en bois.

La m'idourna ou t'bek est une corbeille ronde et plate, qui peut également servir pour faire reposer la semoule.

CI-DESSUS : *Femmes vendant des pots en terre cuite sur le marché de Oued-Laou au Maroc.*

CI-DESSUS : *Dinanderie sur le marché de Marrakech, Maroc.*

Le mehraz est un mortier avec pilon en cuivre épais servant à piler les épices et les herbes (le bois ne peut être utilisé car il prendrait la teinte des épices).
Le ka tajine est un plat en cuivre assez profond dans lequel est placé le *tajine slaoui* pour protéger la table.
Le tajine slaoui, ou tout simplement *tajine*, est un plat rond en terre cuite avec un couvercle émaillé en forme de chapeau pointu. Il est utilisé pour cuire les ragoûts de viande, de poisson, de volaille ou de légumes. En Afrique du Nord, les *tajines* sont cuits sur un feu de charbon de bois mais, si l'on utilise un plat à *tajine* traditionnel en terre cuite sur une plaque électrique ou à gaz, il est conseillé d'utiliser un diffuseur de chaleur pour le protéger (à vérifier dans le manuel d'utilisation de votre cuisinière électrique).

On trouvera également dans la plupart des cuisines quelques casseroles (*tawas*) en cuivre, une poêle pour faire griller le poisson ou les amandes, des couteaux et des pots en terre cuite pour conserver les épices.

Pour la cuisson des plats, on utilise un petit réchaud au charbon de bois, généralement rond et en terre cuite, rempli de charbons ardents, appelé *kanoun* ou *mejmar*, spécialement conçu pour contenir en toute sécurité le fond rond du *tajine* entre ses trois pics. La braise permet d'obtenir une température basse et régulière — idéale pour les *tajines* qui doivent cuire doucement et longtemps pour être savoureux et parfumés. Ce type de chaleur convient parfaitement aux sauces, qui doivent cuire à petit feu pour dégager toute la richesse de leurs saveurs. Enfin, le feu au charbon de bois peut aussi être ajusté de manière à obtenir un feu plus vif pour faire cuire les kebabs, les brochettes et le poisson.

L'équipement traditionnel comprend également une grande corbeille avec un couvercle pointu décoré, appelé *tbika* et utilisé pour servir le pain, un *tebsil dial warka*, grand plat rond avec un couvercle en fer à petit bord permettant, sur le dessus, de faire cuire la *warka*, et dessous, de faire cuire la *bstilla*.

Saveurs d'Afrique du Nord

La chermoula est un mélange particulier d'oignons, de coriandre, d'ail, de piments et d'épices, utilisé couramment pour relever et parfumer de nombreux plats.

La *chermoula* est utilisée comme marinade pour griller, cuire ou braiser du poisson, de la volaille, du mouton et du gibier comme le lapin. Le mélange et le dosage des ingrédients varient d'une cuisinière à l'autre, et selon l'ingrédient à mariner et le caractère épicé ou non du plat.

Voir page 126 pour les recettes de base de *chermoula* qui pourront servir à la préparation d'autres recettes.

Le couscous est de la semoule moulue, mouillée et roulée dans la farine. Les *couscous* vendus en magasin sont souvent précuits. Ils ont besoin de moins de temps de cuisson. On y ajoute souvent du beurre et des épices pour lui donner plus de goût.

Pour préparer la semoule de *couscous* pour 4 personnes à la manière traditionnelle, versez environ 450 g de semoule dans un grand plat. Mouillez la semoule avec des petites quantités d'eau froide et 2 cuil. d'huile d'olive et roulez entre les mains pour éviter que les graines ne collent. Répétez le processus. Transférez la semoule dans le haut du couscoussier et laissez cuire à la vapeur du mélange de légumes et de viande se trouvant dans le bas du couscoussier. Après 20 minutes environ, versez la semoule dans un plat pour la mouiller doucement, y ajouter un peu d'huile et la rouler entre les mains. Continuez ensuite la cuisson à la vapeur et répétez ce processus encore une fois avant que la semoule ne soit totalement cuite.

Les herbes potagères se limitent à la coriandre et au persil plat, que l'on utilise frais et par bouquet entier, et à la menthe, séchée de préférence et utilisée en quantité moindre.

Huile d'olive : les Nord-Africains cuisinent souvent en utilisant de généreuses quantités d'huile — beaucoup trop au goût de la plupart des Occidentaux. Elle augmente la saveur des mets, et permet de lier les ingrédients et d'épaissir des plats comme les *tajines*. Les quantités d'huile indiquées dans les recettes de ce livre ont été réduites par rapport aux recettes originels.

Ras-el-hanout signifie littéralement « le meilleur de la boutique » ou « la sélection de l'épicier ». C'est un mélange subtil et généreux d'épices moulues, de racines, d'écorces et de fleurs. Composé d'une dizaine d'épices au moins, on compte en général 20 à 25 épices différentes, voire plus encore. Les ingrédients et quantités varient d'une recette à l'autre. On raconte aussi que le *ras-el-hanout* contient des aphrodisiaques comme la poudre de cantharide (mouche d'Espagne). Une recette simplifiée pour préparer son propre *ras-el-hanout* est proposée en page 118.

Le smen est une sorte de beurre rance comparable au *ghee* indien. Il est parfois parfumé avec des herbes sauvages. Il a un goût de fromage assez prononcé auquel on s'habitue peu à peu, en le mangeant avec du pain par exemple. Dans la cuisine, le *smen* donne un goût particulier aux *tajines*, *kedras* et *couscous*. Dans la région de Fès ou chez les Berbères, le *smen* est souvent conservé dans un bocal des années durant et, avec le temps, il devient de plus en plus foncé et de plus en plus âcre.

Vous trouverez page 120 une recette maison pour le *smen*.

Les épices sont essentielles dans la cuisine nord-africaine et sont utilisées avec générosité. Si elles sont choisies et dosées avec finesse, le plat sera encore plus raffiné et aucune épice ne prédominera. Les épices ont également pour fonction de stimuler l'appétit en dégageant des arômes alléchants, de colorer la nourriture et de faciliter la digestion.

Les épices les plus courantes et, à vrai dire, les plus essentielles sont le cumin, le paprika, le safran, le gingembre, la cannelle, la coriandre et le poivre de Cayenne. Constamment utilisées dans la cuisine nord-africaine, elles n'ont jamais le temps de perdre leur arôme. Par contre, lorsque vous cuisinez, il est important de vérifier que vos épices ne sont pas périmées.

La warka est une pâte aussi fine qu'une feuille de papier de soie. Elle se fait en tapotant des balles de pâte 18 ou 20 fois de suite pour obtenir des abaisses en forme de cercle, chacune débordant sur l'autre, qui sont disposées sur un plat en métal rond préalablement chauffé sur un feu au charbon. On obtiendra ainsi une pâte feuilletée très fine, et délicate comme de la dentelle. Il faut beaucoup d'expérience, de savoir-faire et de patience pour la réussir et, de nos jours, elle est souvent achetée prête à l'emploi dans des magasins spécialisés. On peut aussi se procurer de la pâte feuilletée, des feuilles de brik ou, pour certaines recettes, la pâte utilisée pour la fabrication de rouleaux de printemps.

Vins régionaux

La plupart des Maghrebins de croyance musulmane ne boivent pas de vin, car l'islam déconseille la consommation d'alcool. Toutefois, la production de vin et sa consommation sont antérieures à l'implantation de cette religion. Ce sont les Romains qui ont introduit la vigne dans cette région. Le climat et les terres étant particulièrement favorables, elle s'est étendue et la viticulture s'est rapidement développée, jusqu'à la chute de l'empire romain. La production viticole a diminué jusqu'à la colonisation par les Français et les Espagnols, qui plantent des cépages du sud de la France et, dans une moindre mesure, des cépages espagnols. Lorsque le Maroc devient indépendant en 1956, le gouvernement met en place un système d'appellation contrôlée basé sur le système français. La Tunisie et l'Algérie feront de même par la suite. C'est ainsi que la région des vins se développe à nouveau rapidement. En 1973, le Maroc élève officiellement sa production viticole au rang d'industrie nationale. Enfin, l'islam connaissant un regain d'influence, la viticulture est à nouveau en déclin. La grande majorité des vins d'Afrique du Nord sont de variétés ordinaires, principalement rouges, et destinés à être mélangés mais on peut trouver quelques vins agréables à déguster.

Variations sur un thème

Il est inévitable que, lorsqu'on évoque la cuisine de trois pays proches géographiquement et culturellement, on retrouve un grand nombre de plats de part et d'autre d'une frontière. Néanmoins, chaque pays a sa propre version d'une recette, utilisant des modes de préparation et des assaisonnements légèrement différents. C'est ainsi que l'on trouvera le même plat apprêté différemment d'une région, d'une ville, d'un village ou même d'une maison à l'autre. Aussi, ne soyez pas surpris de découvrir un plat au nom identique mais dont le goût ne correspond en rien à ce qu'une recette de ce livre propose. Il est aussi possible de rencontrer plusieurs orthographes pour le même plat: les noms et orthographes sont un vrai casse-tête en Afrique du Nord. Chaque pays, et parfois chaque région à l'intérieur d'un même pays a sa manière propre de l'écrire en arabe. De plus, l'orthographe phonétique française ou anglaise des plats nord-africains peut être une source de confusion. L'arabe marocain, par opposition à l'arabe classique, est une langue orale et, par conséquent, les orthographes phonétiques varient énormément. Par exemple, *bstilla* peut s'écrire *bisteeya, b'stila, pstilla* ou *pasteeya,* et la pâte très fine utilisée pour ce plat s'écrit aussi bien *warka* que *ouarka*.

CI-DESSUS : *Mosaïque au-dessus d'une porte d'un bleu typique en Tunisie, et qui symbolise la présence de Dieu. Sidi Bou Saïd, Tunisie.*

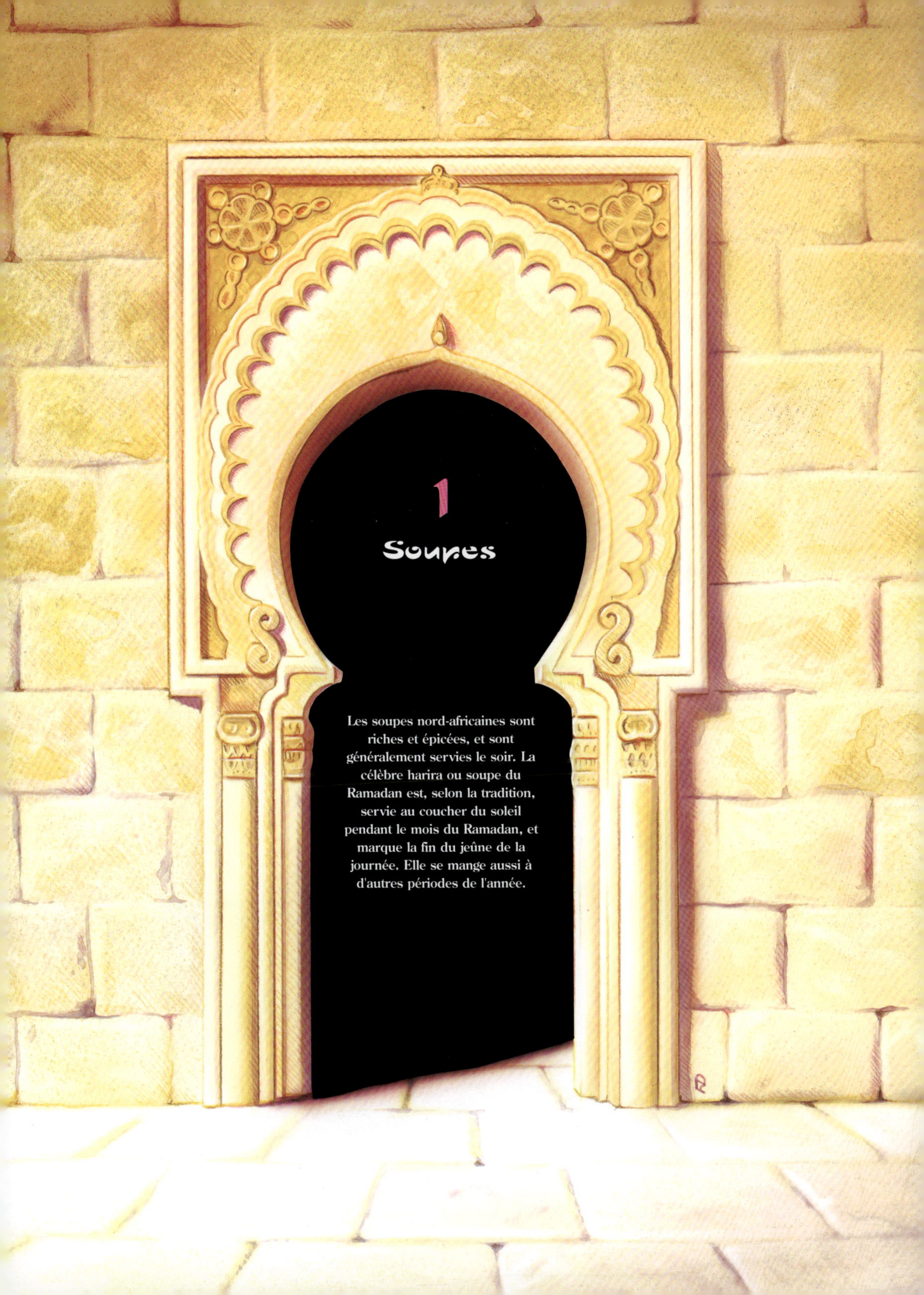

1

Soupes

Les soupes nord-africaines sont riches et épicées, et sont généralement servies le soir. La célèbre harira ou soupe du Ramadan est, selon la tradition, servie au coucher du soleil pendant le mois du Ramadan, et marque la fin du jeûne de la journée. Elle se mange aussi à d'autres périodes de l'année.

Soupe de poisson tunisienne

Broudou bil hout

Cette soupe nourrissante n'est pas sans rappeler la bouillabaisse originaire de l'autre rive de la Méditerranée. Tous les poissons et fruits de mer conviennent, à l'exception des poissons gras tels que le maquereau et la sardine. Si vous le souhaitez, vous pouvez utiliser les têtes, les queues, les peaux et les arrêtes pour confectionner du fumet de poisson.

Pour 6 à 8 personnes

3 cuil. à soupe d'huile d'olive
2 oignons, hachés
3 gousses d'ail, hachées
1 poivron rouge, haché
1 cuil. à café env. de harissa *(voir p. 120)*
¼ de cuil. à café de stigmates de safran écrasés
½ cuil. à café de cumin
¼ de cuil. à café de cannelle moulue
1 bulbe de fenouil, coupé en dés, queues réservées
2 grosses pommes de terre, coupées en morceaux
2 ½ à 3 cuil. à soupe de jus de citron
1,5 l de fumet de poisson ou d'eau
2 kg d'un mélange de poissons et de fruits de mer, lavés et préparés
4 belles tomates pelées, épépinées et hachées
1 grand bouquet de coriandre et de persil, finement haché
Sel et poivre

Faites chauffer l'huile dans une grande poêle et faites revenir les oignons jusqu'à ce qu'ils soient tendres, mais pas bruns. Ajoutez l'ail et le poivron rouge, laissez cuire 2 à 3 minutes puis ajoutez la *harissa*, les épices, le fenouil, les pommes de terre, le jus de citron et le fumet ou l'eau. Remuez le tout. Portez à ébullition puis laissez mijoter 20 minutes environ, jusqu'à ce que les pommes de terre soient presque cuites. Ajoutez le poisson, les tomates, les herbes, assaisonnez et ajoutez de l'eau si nécessaire, puis laissez cuire doucement jusqu'à ce que le poisson soit tendre. Garnir avec les queues de fenouil réservées et servir, accompagné d'un bon pain.

CI-DESSUS : *Bateaux de pêcheurs à Médique, Maroc.*

Soupe aux lentilles

Les lentilles offrent depuis des siècles une source de protéines et de calories simple et facile à transporter et à accommoder, tout en étant à la portée de tous. Les Arabes l'ont intégrée à leur cuisine depuis le temps des Sumériens anciens et des Égyptiens.

Pour 6 à 8 personnes
2 cuil. à soupe d'huile d'olive
1 oignon d'Espagne, haché
2 gousses d'ail, hachées
350 g de jarret de veau, coupé en morceaux
½ cuil. à café de cumin et de cannelle moulus
¼ de cuil. à café de poivre de Cayenne
175 g de lentilles vertes
1,5 l d'eau
3 carottes, petites ou moyennes, coupées en dés
3 branches de céleri, coupées en morceaux
2 pommes de terre, coupées en gros dés
Sel et poivre
1 bouquet de coriandre, grossièrement haché
Jus de citron

Faites cuire les lentilles dans une casserole remplie d'eau pendant 10 minutes au moins, égouttez et réservez. Faites chauffer l'huile dans une poêle puis revenir l'oignon, l'ail et le veau, en remuant souvent, jusqu'à ce que l'oignon soit tendre. Ajoutez les épices et remuez jusqu'à en dégager l'arôme, puis ajoutez les lentilles et l'eau. Portez à ébullition puis écumez la mousse. Couvrez à moitié et laissez mijoter une heure environ, jusqu'à ce que la viande soit tendre.
Incorporez les légumes et faites cuire encore 30 à 40 minutes. Assaisonnez, garnissez de coriandre et versez le jus de citron, selon votre goût. Servez aussitôt.

Soupe aux pois chiches
Lablabi

La lablabi *est une soupe épaisse de Tunisie aux pois chiches. Elle est en principe très riche, mais j'ai ici considérablement réduit les quantités d'huile. Le goût de l'ail s'adoucit au cours de la longue cuisson. Si vous le souhaitez, ajoutez des épices moulues, comme le cumin, la coriandre et le paprika.*

Pour 4 personnes
6 cuil. à soupe d'huile d'olive
10 gousses d'ail, écrasées
350 g de pois chiches ayant trempé toute la nuit et égouttés
1,8 l d'eau
1 oignon d'Espagne, finement haché
2 carottes, hachées
1 tête de céleri-rave, haché
Sel et poivre
Jus de citron
1 bouquet de coriandre, haché

Faites chauffez 4 cuil. à soupe d'huile dans une poêle, puis faites revenir l'ail pour en dégager l'arôme. Incorporez les pois chiches tout en remuant, puis versez l'eau et portez à ébullition. Écumez la mousse puis faites mijoter à feu doux jusqu'à ce qu'ils soient tendres.
Entre-temps, faites chauffer le restant d'huile dans une casserole en fonte, ajoutez les oignons, les carottes, le céleri-rave et laissez cuire à feu doux 20 minutes environ.
Mélangez les légumes aux pois chiches. Prenez-en la moitié et réduisez en purée au mixeur ou en pressant à travers une passoire. Versez dans la soupe et réchauffez. Assaisonnez, ajoutez le jus de citron et saupoudrez de coriandre.

À GAUCHE : *Soupe aux lentilles.*

Soupe d'agneau et de légumes au vermicelle

Chorba

On trouvera des variations de cette soupe épaisse à travers tout le Maghreb, même si le nom varie à peine. La viande d'agneau du Maghreb est généralement coriace et, pour cette raison, on fait mijoter le morceau entier avec les os au moins une heure pour être sûr qu'il soit assez tendre. Le temps de cuisson a été adapté à la viande d'agneau que l'on trouve dans nos boucheries, qui est plus tendre.

Pour 6 personnes

4 oignons, hachés
3 gousses d'ail, hachées
3 poivrons rouges, hachés
675 g d'agneau maigre, coupé en dés
3 cuil. à soupe d'huile d'olive
2 os à moelle
1,75 l de bouillon ou d'eau
Sel et poivre
1 pincée de piments secs, écrasés
4 tomates, hachées
115 g d'abricots secs
1 à 1 cuil. à soupe ½ de feuilles de menthe hachées
115 g de vermicelle
1 cuil. à café de jus de citron
Persil frais, haché, et menthe fraîche, hachée, pour décorer

Faites chauffer l'huile dans une grande poêle puis faites revenir les oignons, l'ail, les poivrons et l'agneau 10 minutes environ, en remuant de temps à autre. Ajoutez les os à moelle, le bouillon, l'assaisonnement, les piments, les tomates, les abricots et la menthe. Portez à peine à ébullition puis laissez mijoter 1 heure 15 à 1 heure 30, jusqu'à ce que l'agneau soit très tendre.
Versez le vermicelle et faites cuire 5 minutes jusqu'à ce qu'il soit tendre. Versez la soupe dans une soupière préchauffée, ajoutez le jus de citron et décorez avec le persil et la menthe hachés.

À DROITE : *L'influence du Moyen-Orient est présente dans l'architecture d'Afrique du Nord.*

Harira

Au Maroc, pendant le mois du Ramadan, un coup de canon marque la fin du jeûne au coucher du soleil et annonce qu'il est l'heure de s'asseoir pour manger la Harira, *une soupe rouge, nourrissante et épicée. La* Harira *est également servie en dehors de la période du Ramadan. On peut remplacer l'agneau par du poulet et l'eau par du bouillon de volaille pour rendre la soupe plus légère ou, à la place de la viande, utiliser un ou deux légumes, comme les aubergines et les courgettes pour faire une soupe végétarienne. Cette soupe est quelquefois épaissie en fin de cuisson avec de la farine ou des œufs.*

Pour 6 personnes

2 cuil. à soupe d'huile d'olive
225 g d'agneau maigre, coupé en cubes
1 oignon, haché
115 g de pois chiches ayant trempé toute la nuit et égouttés
1,5 l d'eau
115 g de lentilles orange
Sel et poivre
400 g de tomates, pelées, épépinées et hachées
1 cuil. à soupe de purée de tomates
1 cuil. à soupe de cannelle moulue
1 poivron rouge, épépiné et haché
50 g de vermicelle
1 bouquet de coriandre, haché

Faites chauffer l'huile dans une poêle, faites revenir l'agneau jusqu'à ce qu'il soit doré. Ajoutez l'oignon et remuez jusqu'à ce qu'il soit tendre. Incorporez les pois chiches et l'eau, portez à ébullition, couvrez et laissez mijoter 1 heure, ou jusqu'à ce que les pois chiches soient tendres.

Ajoutez les lentilles, les tomates, la purée de tomates, la cannelle et le poivron puis laissez cuire à feu doux 15 minutes environ. Ajoutez ensuite le vermicelle, portez à ébullition puis laissez de nouveau mijoter 15 minutes, le temps que les lentilles et le vermicelle soient tendres. Ajoutez la coriandre, mélangez et assaisonnez. Servez, accompagné de citron.

CI-DESSUS : *Vif contraste d'ombre et de lumière dans le désert algérien.*

Soupe de poisson aux tomates et aux pommes de terre

Chorba bil hout

N'importe quel poisson blanc conviendra pour cette soupe algérienne. Toutefois, je trouve que le goût des poissons délicats ou fades, tels que le carrelet, la sole et le merlan, est dominé par les autres ingrédients, tandis que le cabillaud ou l'aiglefin conviennent mieux. Il m'arrive d'ajouter de la truite, même si cela n'est pas traditionnel.

Pour 6 personnes

3 cuil. à soupe d'huile d'olive
2 oignons, hachés
4 gousses d'ail, écrasées
450 g de tomates bien parfumées, pelées, épépinées et hachées
1 cuil. à café ½ de paprika
1 pincée de poivre de Cayenne
1 grande pincée de stigmates de safran écrasés
2 feuilles de laurier
1 à 1 cuil. à café ½ de thym frais
2 grosses pommes de terre, coupées en cubes
2,5 l d'eau
1 kg de poisson blanc à chair ferme en filets, sans la peau
2 ½ à 4 cuil. à soupe de jus de citron
Sel et poivre
2 œufs

Faites chauffer l'huile dans une poêle, puis faites revenir l'oignon jusqu'à ce qu'il soit tendre mais pas doré. Ajoutez l'ail et les tomates et faites cuire 10 minutes environ, le temps que les tomates perdent leur jus.

Ajoutez le paprika, le poivre de Cayenne, le safran, les herbes et les pommes de terre et mélangez, puis versez l'eau et portez à ébullition. Laissez cuire à feu doux 15 minutes environ jusqu'à ce que les pommes de terre soient tendres. Incorporez le poisson et faites cuire à feu très doux.

Retirez les feuilles de laurier et réduisez la soupe en purée au mixeur, ou à travers une passoire. Reprenez la poêle et réchauffez la purée en ajoutant un peu d'eau si nécessaire; la préparation épaissira encore un peu une fois que les œufs auront été ajoutés. Versez le jus de citron et assaisonnez.

Dans un bol, mélangez les œufs avec une louche. Versez la préparation d'œufs dans la soupe et faites chauffer à feu doux, sans cesser de remuer, jusqu'à ce qu'elle soit épaisse. Il est important d'éviter de la faire bouillir.

2

Entrées, hors-d'œuvre et salades

Un grand nombre de salades nord-africaines ne sont pas des salades dans le sens où nous l'entendons, mais plutôt des hors-d'œuvre ou des purées. Certaines sont préparées soit avec un seul légume, soit avec un mélange de légumes, et peuvent être cuites ou crues. Vous pouvez servir un assortiment de salades comme entrée, puis les laisser sur la table jusqu'à la fin du repas. Elles peuvent également être servies comme amuse-gueules, si elles sont accompagnées d'un bon pain.

Salade de tomates et de poivrons grillés

Faites griller les poivrons rouges et les tomates — sur un feu au charbon de bois, si l'on souhaite être fidèle à la tradition, ce qui leur donne un délicieux goût fumé et une texture soyeuse. Cette salade marocaine peut être parfumée au cumin et au poivre de Cayenne, si vous le souhaitez, et avec une moitié de citron confit coupé en fines lamelles ou en petits dés. Elle peut être servie comme entrée ou pour accompagner une viande, de la volaille ou du poisson.

Pour 4 personnes

3 gros poivrons rouges ou verts
4 belles tomates
2 gousses d'ail, finement hachées
Sel et poivre
1 petit bouquet de persil, haché (facultatif)

Préchauffez le grill. Disposez les poivrons et les tomates sur une plaque de four et mettez-les sous le grill, en les retournant de temps à autre de manière à ce qu'ils soient uniformément dorés et grillés. Laissez refroidir un peu avant de retirer la peau, le cœur et les pépins. Coupez la chair en dés, mettez-la dans un bol et mélangez.

Saupoudrez d'ail et de persil, assaisonnez, couvrez et réservez au frais. Avant de servir, retirez l'excès de jus.

Salade d'œufs et de poivrons rouges grillés

Salatat mechouiya

Les câpres et le jus de citron donneront du piquant à cette salade aux couleurs si attrayantes.

Pour 4 personnes

4 poivrons rouges, coupés en deux
2 cuil. à soupe de jus de citron
4 cuil. à soupe d'huile d'olive
Sel et poivre
4 belles tomates, coupées en tranches
1 oignon rouge, émincé
3 œufs durs
2 cuil. à café de câpres
Olives noires et persil frais haché, pour décorer

Préchauffez le grill. Disposez les poivrons sur une plaque de four puis placez-les sous le grill, en les retournant de temps en temps pour qu'ils soient uniformément dorés et grillés. Laissez-les refroidir un peu avant de prendre chaque moitié, l'une après l'autre, pour en faire couler le jus dans un bol. Retirez la peau, puis découpez la chair des poivrons en dés. Mélangez le jus de citron, l'huile et l'assaisonnement au jus des poivrons recueilli dans le bol.

Mélangez les poivrons avec les tomates, l'oignon, les œufs et les câpres, versez la sauce par-dessus et garnissez avec les olives et le persil haché.

À DROITE : *Salade de tomates et de poivrons grillés.*

Salade de blé concassé au fromage, poivron et concombre

Si vous le souhaitez, vous pouvez également décorer la salade avec des olives noires à l'huile, juste avant de servir.

Pour 4 à 6 personnes
225 g de blé concassé
300 ml d'eau bouillante
4 cuil. à soupe d'huile d'olive
3 cuil. à soupe de jus de citron
2 cuil. à soupe de menthe fraîche, hachée
3 cuil. à soupe de coriandre fraîche, hachée
Sel et poivre
1 poivron rouge grillé, pelé et coupé en lamelles
1 bouquet d'oignons nouveaux, hachés
2 gousses d'ail, hachées
½ concombre, concassé
115 g de feta, émiettée
Quartiers de citron vert, pour accompagner

Versez le blé concassé dans un grand saladier, ajoutez l'eau bouillante et laissez tremper 30 minutes, en remuant de temps à autre avec une fourchette, jusqu'à absorption complète de l'eau.
Dans une grande terrine, fouettez l'huile, le jus de citron et l'assaisonnement. Versez cette préparation sur le blé concassé, ajoutez les herbes et mélangez soigneusement. Incorporez le reste des ingrédients. Couvrez et réservez au frais jusqu'au moment de servir. Servez garni de quartiers de citron vert.

Salade de carottes entières épicées

Pour 4 personnes
450 g de petites carottes
1 gousse d'ail
1 cuil. à café de paprika
½ cuil. à café de cumin, moulu
1 pincée de cannelle moulue, de poivre de Cayenne et de sucre
3 cuil. à soupe de jus de citron
2 cuil. à soupe de persil frais, haché
1 cuil. à soupe ½ d'huile d'olive
Sel

Faites cuire les carottes et l'ail dans une casserole remplie d'eau salée bouillante, jusqu'à ce qu'elles soient tendres. Égouttez. Retirez l'ail et coupez les carottes en rondelles. Disposez-les sur un plat de service.
Dans un petit bol, mélangez les épices, le sucre et le jus de citron puis versez sur les carottes et mélangez. Couvrez et réservez au frais.
Juste avant de servir, arrosez de persil et d'huile d'olive.

À GAUCHE : *Salade de blé concassé au fromage, poivron rouge et concombre.*

Beignets de pain farcis

Khobs bichemar

Ces beignets servis chauds, à peine retirés du grill ou de la poêle, feront un délicieux en-cas. Ne soyez pas rebuté par la graisse de bœuf — la pâte est piquée avant la cuisson de manière à absorber l'excès de gras de la farce, ce qui la rend nourrissante et savoureuse. Ces beignets sont moins bons servis froids.

Pour 4 personnes

1 portion de pâte à pain marocain (voir page 110)
Beurre
Sel

Pour la garniture

75 g de graisse de bœuf, finement hachée
1 piment rouge séché, finement haché
3 cuil. à soupe d'oignons finement hachés
3 cuil. à soupe de persil frais, finement haché
½ cuil. à café de cumin moulu
1 cuil. à café de paprika

Les mains légèrement huileuses, travaillez la pâte pour obtenir 4 boules puis aplatissez-les en rectangles de 30 x 20 cm. Dans un bol, mélangez les ingrédients de la farce. Étalez un quart de la farce au centre de chaque rectangle de pâte, puis repliez un des côtés sur la farce, dans le sens de la longueur. Faites de même avec l'autre côté. Aplatissez chaque rectangle pour qu'il fasse 30 x 20 cm puis repliez-le comme le précédent. Répétez l'opération avec les autres rectangles puis déposez-les sur une plaque beurrée, couvrez et laissez lever.

Faites chauffer une plaque en fonte ou une grande poêle et ajoutez une noix de beurre. À l'aide d'une fourchette, piquez les beignets cinq ou six fois de chaque côté. Faites frire chaque beignet 8 à 10 minutes de chaque côté, jusqu'à ce qu'il soit croustillant et doré. Servez chaud, nappé d'une fine couche de beurre fondu si vous le souhaitez.

À DROITE : *Le désert du Sahara, Algérie.*

Briks à l'œuf à la mode tunisienne

Servez ces briks *dès qu'elles sont prêtes et veillez à ce que l'œuf ne coule pas sur votre menton ! À défaut de* warka, *la traditionnelle pâte à* brik *qui est assez difficile à trouver, procurez-vous de la pâte à rouleau de printemps chinois. C'est moins authentique, mais une bonne alternative malgré tout.*

Pour 4 personnes
20 g de beurre
3 à 4 oignons nouveaux, finement hachés
1 cuil. à soupe de persil frais, haché
115 g de thon en boîte, égoutté et émietté
Quelques câpres, hachées
1 cuil. à soupe de parmesan fraîchement râpé (facultatif)
Sel et poivre
4 feuilles de pâte à brik *ou à rouleau de printemps*
4 petits œufs
1 blanc d'œuf, légèrement battu
Huile pour la friture
Quartiers de citron, pour accompagner

Faites fondre le beurre dans une poêle puis ajoutez les oignons blancs et faites-les revenir jusqu'à ce qu'ils soient tendres. Incorporez le persil, le thon, les câpres, le fromage (facultatif), le sel et le poivre. Laissez refroidir.

Étalez la feuille de *brik* ou la pâte à rouleau de printemps, et déposez un quart de la farce sur la moitié de la pâte. Cassez un œuf sur chaque portion. Repliez l'autre moitié de pâte sur la farce et scellez les bords, passez-les au blanc d'œuf puis repliez les bords une deuxième fois pour bien les sceller.

Faites chauffer une grande poêle remplie d'une couche de 2,5 cm d'huile, jusqu'à ce qu'elle soit chaude mais pas brûlante. Déposez les *briks*, arrosez le dessus d'huile chaude et faites frire jusqu'à ce que le dessous des *briks* soit brun, puis retournez-les et faites frire l'autre côté.

Égouttez-les rapidement sur du papier absorbant, et servez-les accompagnées de quartiers de citron.

Salade de carottes râpées

Cette salade épicée peut être adoucie en remplaçant la cannelle, le gingembre et le miel par 3 cuil. à soupe de jus de citron et en ajoutant du sucre, de l'eau de fleur d'oranger et du sel, à volonté.

Pour 4 personnes
450 g de petites carottes, grossièrement râpées
1 à 2 cuil. à soupe de miel
Jus d'un citron
5 cuil. à soupe d'huile d'olive
1 cuil. à café de cannelle moulue
1 cuil. à café de gingembre moulu
75 g de raisins secs
Sel et poivre

Déposez les carottes râpées dans un grand saladier. Mélangez le reste des ingrédients dans un bol, puis versez la préparation sur les carottes et mélangez soigneusement. Laissez reposer 1 heure avant de servir.

Hors-d'œuvre aux carottes

Ommi houriya

Cette purée épicée de Tunisie est servie froide avec du pain, comme hors-d'œuvre. Bien que cela ne soit pas traditionnel, il m'arrive quelquefois de la servir avec des grillades.

Pour 4 personnes

675 g de carottes, hachées
2 gousses d'ail, hachées
2 cuil. à soupe d'huile d'olive
1 petit oignon, très finement haché
2 cuil. à café de cumin moulu
1 à 2 cuil. à soupe de jus de citron
1 cuil. à café env. de harissa *(voir page 120)*
Sel

Faites cuire les carottes et l'ail dans de l'eau bouillante jusqu'à ce que les carottes soient tendres. Égouttez.

Entre-temps, faites chauffer l'huile dans une poêle, ajoutez l'oignon et laissez-le fondre. Ajoutez le cumin et faites-le revenir à petit feu, pour en dégager l'arôme. Incorporez les carottes, l'ail et le reste des ingrédients. Assaisonnez, puis retirez du feu et réduisez en purée. Laissez refroidir.

Purée d'aubergines

Salatat asouad

Ce délicieux mélange d'aubergines et de tomates fait partie de ces purées que l'on appelle salade en Afrique du Nord et au Moyen-Orient. Il peut être servi en hors-d'œuvre accompagné d'un pain pita, réchauffé au four, ou de légumes croquants coupés en bâtonnets, comme le céleri ou le concombre. Il fera aussi un accompagnement relevé pour les grillades de viande, de volaille et de poisson.

Pour 4 personnes
900 g d'aubergines
2 gousses d'ail, émincées
3 tomates pelées, épépinées et hachées
1 cuil. à café de paprika
½ cuil. à café de cumin moulu
1 cuil. à soupe de coriandre hachée
1 cuil. à soupe ½ d'huile d'olive
3 cuil. à soupe de jus de citron

À GAUCHE : en haut *Purée de potiron*, au milieu *Purée d'aubergines*, en bas *Hors-d'œuvre aux carottes*.

Préchauffez le four à 220 °C (thermostat 7). Faites de petites entailles dans les aubergines et glissez-y l'ail. Cuisez-les au four jusqu'à ce que la peau soit grillée et fasse des bulles. Retirez du four et laissez refroidir.
Pelez les aubergines, pressez-les pour en retirer le jus que vous réserverez. Déposez-les dans une terrine et écrasez-les avec les tomates, le paprika, le cumin, la coriandre et le sel.
Faites chauffer l'huile dans une poêle et incorporez la préparation d'aubergines. Faites-la revenir en remuant souvent, le temps qu'elle épaississe — environ 15 minutes. Retirez l'excédent d'huile. Ajoutez le jus de citron, selon votre goût. Servez chaud ou froid.

Purée de potiron

Ajlouk

La harissa *tunisienne et d'autres épices transforment le potiron en un plat relevé qui sera servi froid avec du pain. Réservez le jus de cuisson du potiron, qui pourra servir de bouillon pour des soupes ou des ragoûts.*

Pour 4 personnes
675 g de potiron
¾ de cuil. à café de graines de cumin
¾ de cuil. à café de coriandre moulue
1 cuil. à soupe ½ d'huile d'olive
1 grosse gousse d'ail, écrasée
¼ de cuil. à café environ de harissa *(voir page 120)*
2 à 3 cuil. à soupe de jus de citron
Sel

Pelez le potiron et videz-le de ses pépins et fils. Coupez la chair en morceaux et faites-la cuire dans un peu d'eau, à couvert, jusqu'à ce qu'elle soit tendre. Égouttez bien.
Dans une poêle, faites chauffer l'huile à feu doux, ajoutez les graines de cumin et la coriandre et remuez de temps à autre pour en dégager l'arôme. Incorporez le potiron, l'ail, la *harissa*, le jus de citron et le sel. Ôtez la poêle du feu, écrasez tous les ingrédients pour obtenir une purée puis laissez refroidir.

Salade de carottes aux oranges

Les oranges et les carottes ont une saveur qui se complète naturellement, chacune mettant l'autre en valeur. Souvent associées dans des soupes, elles sont ici associées dans une savoureuse salade.

Pour 4 personnes

450 g de carottes, pelées et grossièrement râpées
Jus d'une orange
Jus d'un citron
1 à 2 cuil. à soupe d'eau de fleur d'oranger
Sel et sucre glace

Dans un grand saladier, mélangez les carottes, les jus d'orange et de citron et l'eau de fleur d'oranger. Assaisonnez avec le sel et le sucre glace, selon votre goût. Couvrez et réservez au frais.

Salade de persil aux oignons et aux citrons

Cette salade marocaine, piquante et fraîche, est un bon accompagnement pour les poissons gras grillés, les sardines par exemple. Elle peut être utilisée, avec un peu d'huile d'olive, pour faire mariner les poissons avant de les griller.

Pour 4 personnes

1 à 1 bouquet de persil ½, grossièrement haché

1 gros oignon d'Espagne, finement émincé

4 gros citrons, de préférence à peau fine, pelés et coupés en dés

Sel et poivre

Dans un grand saladier, mélangez tous les ingrédients, couvrez puis réservez au frais un petit moment.

Tajine tunisien aux œufs et aux aubergines

Tajine betindjal

Pour ce plat, il est important de ne pas cuire la préparation d'aubergines après y avoir ajouté les œufs et le fromage, car elle deviendrait dure et le gras du fromage coulerait de manière peu appétissante.

Pour 4 personnes

450 g d'aubergines, coupées en dés
Sel et poivre
Huile, pour la friture
1 oignon, grossièrement haché
2 gousses d'ail, hachées
3 œufs, légèrement battus
1 œuf dur, finement haché
1 bouquet mélangé de persil et de coriandre, finement haché
50 g de gruyère, râpé

Salez les aubergines et laissez-les dégorger 30 à 60 minutes, avant de bien les rincer sous l'eau courante puis de les sécher avec un papier absorbant.

Faites chauffer un peu d'huile dans un plat à *tajine* ou une poêle et faites fondre l'oignon. Ajoutez de l'huile. Dés qu'elle est chaude, incorporez les aubergines et faites-les revenir jusqu'à ce qu'elles soient tendres et dorées. Ajoutez l'ail et remuez jusqu'à ce que l'arôme s'en dégage, puis ôtez du feu. Dans une terrine, mélangez le reste des ingrédients puis incorporez les aubergines et remuez. Reprenez la cuisson sur un feu très doux 10 minutes, jusqu'à ce que le mélange prenne, puis faites-le gratiner sous un grill chaud.

CI-DESSUS : *Puits et pompe à eau à Kerzas, Tunisie.*

Aubergines au fromage cuites au four

Batingane bi jiben

Servez chaud ce délicieux plat, comme entrée ou comme plat principal, accompagné d'une salade et d'un pain pita.

Pour 4 personnes

2 aubergines
2 cuil. à café de menthe séchée
2 tomates pelées, épépinées et hachées
1 gousse d'ail, hachée
Poivre
350 g de fromage de chèvre

Préchauffez le grill. Placez les aubergines sur une plaque à gâteau, puis faites-les griller en les retournant souvent, jusqu'à ce que la peau soit tendre et fasse des cloques. Préchauffez le four à 200 °C (thermostat 6).

Laissez refroidir un peu les aubergines, puis retirez la peau et hachez la chair. Transvasez-la dans une terrine, ajoutez la menthe, les tomates, l'ail et le poivre puis mélangez. À l'aide d'une cuillère, versez la préparation dans un plat à four et émiettez le fromage de chèvre sur le dessus. Faites cuire au four 25 minutes environ, le temps que le fromage ait fondu et soit légèrement gratiné.

Salade de légumes cuits

Salade de zaalouk

Cette salade tunisienne est très relevée. Couverte, elle se conserve 2 à 3 jours au réfrigérateur. En effet, elle est encore meilleure lorsque les épices ont eu le temps de s'adoucir et de dégager toutes leurs saveurs.

Pour 4 à 6 personnes

3 cuil. à soupe d'huile d'olive
1 oignon, haché
4 courgettes, coupées en rondelles
2 aubergines, coupées en dés
2 à 3 gousses d'ail, écrasées
4 poivrons rouges, coupés en lamelles
2 piments frais, hachés
4 belles tomates, pelées et hachées
Sel et poivre
Persil ou coriandre, pour décorer (facultatif)

Faites chauffer l'huile dans une poêle. Ajoutez l'oignon, les courgettes, les aubergines et l'ail et faites revenir 10 minutes.

Ajoutez les poivrons, les piments et les tomates, assaisonnez et laissez cuire à feu doux, en remuant de temps à autre, jusqu'à ce que les légumes soient tendres et que le jus se soit évaporé.

Transvasez dans une terrine et laissez refroidir. Décorez avec du persil ou de la coriandre, si vous le souhaitez.

Brochettes de poulet à la menthe

Les morceaux de poulet, marinés avec soin, sont enfilés sur des brochettes en bois avant d'être grillés à la poêle ou sur un barbecue. La menthe verte, la variété la plus employée, est surtout utilisée fraîche et séchée. On la fait habituellement sécher sous un soleil brûlant, puis on écrase les feuilles entre les mains jusqu'à ce que la chaleur des paumes de la main fasse couler une huile à l'arôme parfumé.

Pour 4 personnes

2 cuil. à soupe de jus de citron
1 cuil. à café ½ d'huile d'olive
2 cuil. à soupe de feuilles de menthe fraîches, ou 1 cuil. à soupe de feuilles de menthe séchées
2 gousses d'ail, finement hachées
Sel et poivre
400 g de blanc de poulet, découpé en morceaux de 1 cm d'épaisseur
Feuilles de laitue et quartiers de tomate, pour décorer

Dans un plat peu profond, mélangez le jus de citron, l'huile d'olive, la menthe, l'ail, le sel et le poivre. Incorporez les morceaux de poulet et retournez-les, de manière à bien les napper de marinade. Couvrez et placez au frais pas plus de 2 heures, ou jusqu'à 8 heures dans un réfrigérateur. Sortez le plat 30 minutes avant la cuisson.

Prenez 4 ou 5 brochettes de 15 cm de long — si elles sont en bois, faites-les tremper dans l'eau 30 minutes. Enfilez les morceaux de poulet sur les brochettes, puis faites-les cuire 2 minutes ½ à 3 minutes ½ de chaque côté, sous un grill préchauffé ou sur un barbecue. Servez-les sur un lit de laitue et garnissez de quartiers de tomate.

À GAUCHE : *El Djem, Tunisie.*

Keftas grillées

Pour les Keftas, *il est recommandé de choisir un morceau d'agneau contenant dix pour-cent de gras environ, de lier les ingrédients et de mouiller le plat durant la cuisson. Vous pouvez choisir une viande plus maigre, si cela ne vous gêne pas que les* Keftas *soient plus friables et plus sèches.*

Pour 4 personnes
600 g d'agneau, fraîchement haché
1 oignon, râpé
1 cuil. à soupe de paprika
1 cuil. à café de cumin moulu
¼ de cuil. à café de cannelle
¼ de cuil. à café de poivre de Cayenne
1 bouquet de coriandre, hachée
Quelques feuilles de menthe, hachées
2 cuil. à soupe d'eau
2 cuil. à soupe d'huile d'olive
1 œuf, battu
Sel et poivre
Sel et cumin mélangés, pour décorer

Mélangez tous les ingrédients, puis travaillez-les jusqu'à obtenir une pâte homogène ; il faut compter 15 minutes environ. Laissez reposer la pâte 1 heure.
Préchauffez le grill ou le barbecue. Avec le mélange de viande, formez des petits gâteaux de 5 cm de diamètre et de 2 cm d'épaisseur. Faites-les griller quelques minutes de chaque côté. Servez, saupoudré du mélange de sel et de cumin.

Kebabs

Les Kebabs sont un des plats les connus du monde arabe. On utilise presque invariablement de l'agneau qui, comme le veut la tradition, n'est pas embroché avec les légumes, ceux-ci pouvant gêner la cuisson de la viande. Au lieu de mariner l'agneau cru, on peut aussi saupoudrer d'épices les kebabs une fois cuits.

Pour 4 personnes
675 g d'agneau maigre, coupé en cubes
Persil frais haché et quartiers de citron, pour accompagner

Pour la marinade
4 cuil. à soupe d'huile d'olive
1 cuil. à soupe de jus de citron
1 oignon, râpé
1 gousse d'ail, finement hachée
1 cuil. à café ½ de cumin moulu
1 cuil. à café ½ de poivre de Cayenne
2 cuil. à soupe de persil haché
Sel et poivre

Mélangez tous les ingrédients de la marinade. Enfilez les morceaux d'agneau sur les brochettes et déposez-les dans un plat peu profond non métallique. Versez par-dessus la marinade puis réservez au moins 2 heures au frais, en retournant les brochettes de temps à autre.
Préchauffez le grill ou le barbecue, puis faites griller les kebabs en les retournant de temps à autre, 4 à 7 minutes selon que vous souhaitez une viande plus ou moins cuite. Servez saupoudré de persil et accompagné de quartiers de citron.

À GAUCHE : *Keftas grillées.*

Poivrons grillés aux câpres et à l'ail

La principale caractéristique de ce plat est ce léger goût de brûlé qui se dégage des poivrons qui sont grillés jusqu'à ce que la peau noircisse un peu. Ce plat peut être servi chaud comme accompagnement ou frais comme entrée.

Pour 4 à 6 personnes
4 cuil. à soupe d'huile d'olive
800 g de poivrons rouges, coupés en lanières
4 gousses d'ail, émincées
1 cuil. à soupe de câpres salées
2 cuil. à soupe de vinaigre de vin blanc
Sel et poivre

Faites chauffer l'huile dans une poêle jusqu'à ce qu'elle soit bien chaude puis faites revenir les poivrons, en remuant souvent, jusqu'à ce qu'ils soient légèrement grillés sur les bords. Ajoutez l'ail et les câpres. Faites revenir jusqu'à ce qu'ils grésillent, puis versez le vinaigre et assaisonnez. Les câpres étant déjà salées, n'ajoutez que peu de sel.

Poursuivez la cuisson une minute environ, le temps que le vinaigre s'évapore, et servez aussitôt ou laissez refroidir auparavant, couvert.

Salade de betteraves

Si vous achetez des betteraves précuites, veillez à ce qu'elles n'aient pas été conservées dans du vinaigre.

Pour 4 à 6 personnes
900 g de betteraves
¼ d'un oignon d'Espagne, finement haché
1 cuil. à soupe de persil finement haché
2 cuil. à soupe de jus de citron
6 cuil. à soupe d'huile d'olive
1 pincée de piment rouge
Sel et poivre

Cuisez les betteraves non pelées dans une casserole d'eau bouillante, jusqu'à ce qu'elles soient tendres. Égouttez et retirez la peau sous l'eau froide. Coupez-les en dés, mettez-les dans une terrine et mélangez avec l'oignon et le persil.

Dans un petit bol, fouettez le jus de citron, l'huile, le piment rouge, ainsi que le sel et le poivre. Versez sur les betteraves, mélangez délicatement, couvrez et placez au frais.

À DROITE : *Poivrons grillés aux câpres et à l'ail.*

Salade d'oranges

Les oranges, en Afrique du Nord et au Maroc en particulier, sont merveilleusement douces et juteuses. On s'en sert pour toutes sortes de salades rafraîchissantes, servies tant au début qu'à la fin des repas.

Pour 6 à 8 personnes

6 oranges bien mûres, pelées et coupées horizontalement en fines tranches

12 dattes fraîches, dénoyautées et coupées en tranches

12 amandes, émondées et pilées

1 à 2 cuil. à soupe d'eau de fleur d'oranger

Cannelle moulue, pour saupoudrer

Disposez les oranges dans un plat peu profond. Répartissez les dattes et les amandes sur le dessus, puis arrosez de quelques gouttes d'eau de fleur d'oranger. Enfin, saupoudrez le plat de cannelle moulue. Couvrez et réservez au frais un petit moment.

Hors-d'œuvre aux poivrons rouges et tomates grillés

Salata mechouiya nabliya

Cette salade de légumes rôtis est une spécialité de Nabeul, en Tunisie.

Pour 4 à 6 personnes

450 g de gros poivrons rouges

1 piment rouge frais

2 à 4 gousses d'ail, non pelées

3 belles tomates

1 cuil. à soupe de graines de cumin

2 à 3 cuil. à soupe d'huile d'olive

Sel

Œufs durs coupés en quartiers, morceaux de thon en boîte et olives noires, pour accompagner

Préchauffez le grill. Disposez les poivrons, le piment, l'ail et les tomates sur une plaque de four puis faites griller, en retournant les légumes de temps à autre, jusqu'à ce que les peaux soient dorées et légèrement brûlées, et que l'ail soit tendre. Laissez refroidir, puis pelez les légumes. Retirez le cœur et les pépins des poivrons et du piment et épépinez les tomates. Versez tous les légumes dans un mixeur ou, à défaut, un presse-purée.

Dans une poêle, faites chauffer à petit feu les graines de cumin et l'huile jusqu'à en dégager l'arôme. Versez dans le mixeur, ajoutez le sel et réduisez en purée. Laissez refroidir avant de servir. Servez dans une terrine avec les quartiers d'œufs durs, les morceaux de thon et les olives noires disposés tout autour.

Œufs pochés dans un ragoût de poivrons et de tomates

C'est l'addition de piments rouges très forts qui rend ce plat typiquement tunisien.

Pour 4 personnes

3 cuil. à soupe d'huile d'olive
1 gros oignon, coupé en fines lamelles
350 g de poivrons rouges, coupés en lamelles
1 à 2 piments rouges frais, épépinés et hachés
675 g de tomates bien mûres, pelées, épépinées et hachées
Sel et poivre
1 pincée de sucre (facultatif)
4 œufs

Faites chauffer l'huile dans une poêle ou une sauteuse, puis faites cuire l'oignon jusqu'à ce qu'il soit doré. Ajoutez les poivrons et les piments et poursuivez la cuisson, en remuant de temps à autre, jusqu'à ce qu'ils soient presque tendres. Incorporez les tomates et faites mijoter encore 8 minutes, le temps que tous les légumes soient tendres, sans être réduits en bouillie. Ajoutez le sel, le poivre et un peu de sucre.
Faites 4 grands creux dans la préparation de poivrons et cassez les œufs dedans, couvrez et laissez cuire à feu doux jusqu'à ce qu'ils soient cuits selon votre goût, en les arrosant une ou deux fois avec le jus de cuisson. Servez.

Omelette aux pommes de terre

Maakouda bi batata

Les ingrédients de cette omelette aux herbes sont les mêmes que ceux de la tortilla espagnole mais, en l'occurrence, les pommes de terre sont réduites en purée plutôt que coupées en tranches. Servez ce plat pour un en-cas nourrissant ou pour un déjeuner léger, accompagné d'une salade verte. Il est aussi bon servi froid que chaud, et fera un délicieux pique-nique.

Pour 4 personnes

350 g de pommes de terre, coupées en dés
1 oignon d'Espagne, haché
3 cuil. à soupe d'huile d'olive
2 gousses d'ail, hachées
4 œufs
1 cuil. à café de harissa *(voir page 120)*
1 bouquet mélangé de coriandre et de persil, finement hachés
Sel

Cuisez les pommes de terre dans de l'eau bouillante, jusqu'à ce qu'elles soient tendres. Entre-temps, faites chauffer 2 cuil. à soupe d'huile dans une poêle et faites revenir l'oignon jusqu'à ce qu'il soit tendre et doré. Ajoutez l'ail et poursuivez la cuisson, tout en remuant, jusqu'à en dégager l'arôme.
Égouttez les pommes de terre et reversez-les dans la casserole. Sur un feu très doux, réduisez les pommes de terre en purée, puis ajoutez les oignons et l'ail. Retirez du feu.
Dans une terrine, fouettez les œufs avec la *harissa*, les herbes et le sel. Versez sur les pommes de terre en remuant.
Faites chauffer le reste d'huile dans une grande poêle, incorporez le mélange d'œufs et de pommes de terre et faites cuire à feu très doux, jusqu'à ce que le fond ait bien pris.
Faites dorer le dessus sous un grill très chaud.

Hors-d'œuvre aux fèves séchées

Baïçar

Le Baïçar *est un plat cher aux Nord-africains, et dont ils rêvent quand ils sont loin de chez eux… Les fèves séchées sont l'ingrédient principal mais, à Tanger, on utilisera aussi les lentilles vertes cassées et les oignons blancs. Il existe une autre variante, selon laquelle les fèves sont cuites avec du chou et parfumées avec du paprika, du cumin, de l'ail et du sel. Les Tunisiens ajoutent de la* harissa *ou du paprika et une généreuse pincée de poivre de Cayenne. Dans la mesure du possible, procurez-vous des fèves séchées déjà épluchées. Traditionnellement, on mange le* Baïçar *avec du pain, coupé en tranches, que l'on plonge*

Pour 4 à 6 personnes

225 g de fèves séchées épluchées ayant trempé depuis la veille et égouttées
3 gousses d'ail
1 cuil. à café de graines de cumin
Huile d'olive
Sel
Pain marocain (voir page 110)
Un petit bol de cumin moulu, de poivre de Cayenne et de sel mélangés, pour accompagner

Faites cuire les fèves avec l'ail et le cumin dans une casserole remplie d'assez d'eau pour recouvrir les fèves pendant 1 à 2 heures (selon l'âge et la qualité des fèves), jusqu'à ce qu'elles soient tendres.

Égouttez la préparation de fèves, en réservant le jus de cuisson, puis réduisez en purée avec un mixeur ou un presse-purée, en ajoutant la quantité nécessaire de jus de cuisson et d'huile pour obtenir une crème onctueuse. Salez, puis transvasez la purée dans un plat à four.

Juste avant de servir, alors que le plat est encore au four, arrosez le dessus de quelques gouttes d'huile et saupoudrez de *zaatar* ou de thym, de marjolaine ou d'origan. Servez accompagné d'un pain marocain et du mélange de cumin et de poivre de Cayenne, présenté dans un petit bol.

3
Poissons

Grâce à son littoral, l'Afrique du Nord a accès à de nombreuses zones de pêche, tant en Méditerranée que dans les eaux froides de l'Océan Atlantique. La Tunisie bénéficie, pour sa part, des prises les plus diverses et les plus belles : c'est le long de sa côte que le poisson prospère le mieux. On y trouve entre autres du rouget, du loup, de la daurade, des sardines et des anchois, du colin et des crevettes. Cependant, on découvrira des spécialités locales tout le long du littoral. Par exemple à Oulidia, au Maroc, on pourra déguster des plats d'oursins, d'huîtres et de moules.

Poisson et dattes farcies au four

L'alose est traditionnellement utilisée pour ce plat marocain, mais n'importe quel poisson d'eau douce, comme la carpe, conviendra. À défaut, prenez du loup.

Pour 6 personnes
175 ml d'eau
2 cuil. à soupe ½ de farine de riz
150 g d'amandes, émondées et finement hachées
Gingembre moulu
1 ½ à 2 cuil. à café de sucre
15 g de beurre
450 g de belles dattes fraîches, dénoyautées
2 kg environ de poisson (alose, carpe ou loup), vidé et écaillé
½ oignon, râpé
¾ de cuil. à soupe de cannelle moulue

Faites bouillir de l'eau dans une petite casserole, versez la farine de riz, remuez et portez à ébullition 30 secondes. Retirez du feu, couvrez et laissez refroidir.

Préchauffez le four à 170 °C (thermostat 3). Réservez 2 cuil. à soupe d'amandes hachées et mélangez le reste avec la farine de riz refroidie, ½ cuil. à café de gingembre moulu, 1 ½ à 2 cuil. à café de sucre, le beurre, le sel et le poivre. Remplissez les dattes de la préparation d'amandes.

Badigeonnez le poisson avec l'assaisonnement et un peu de gingembre moulu, puis remplissez le poisson d'autant de dattes farcies que possible. Placez le poisson sur une plaque de four recouverte de papier d'aluminium huilé, puis ajoutez le reste des dattes. Saupoudrez-le d'oignon. Pliez la feuille d'aluminium, en scellant fermement les bords. Mettez au four et comptez 15 minutes de cuisson pour 450 g de poisson. Augmentez la chaleur du four au maximum. Dépliez la feuille d'aluminium autour du poisson, saupoudrez avec le reste des amandes et la cannelle, puis glissez le plat sous le grill pour que le poisson devienne croustillant et doré.

CI-DESSUS : *Étal de légumes secs, noix, noisettes et amandes, Marrakech, Maroc.*

Friture de poissons

Hout makalli

Le long des côtes, la friture de poissons est très populaire et se vend dans la rue. Le poisson est enrobé d'une couche d'œuf qui le garde intact et humide, puis pané dans la semoule pour lui donner une « carapace » extérieure bien croustillante. Parfois, on utilise de très petits poissons, tels que les anchois, les petites sardines, les sparts ou les limandes-soles. Ce plat est parfois servi avec de la Chermoula *(voir page 126). Utilisez une grande poêle, ce sera plus facile pour frire plusieurs poissons à la fois.*

Pour 4 personnes

4 œufs
4 cuil. à soupe de persil plat, haché
¼ de cuil. à café de cumin moulu
¼ de cuil. à café de paprika
1 pincée de piment moulu
Sel et poivre
450 g de sprats ou de friture
Semoule fine pour la panure
Huile d'olive pour la friture
Quartiers de citrons et brins de persil, pour décorer

Dans une terrine, fouettez les œufs, le persil, les épices, le piment, le sel et le poivre. Assaisonnez le poisson, puis trempez-le dans la préparation de manière à ce qu'il en soit bien enrobé. Roulez-le délicatement dans la semoule pour bien le paner. Puis répétez l'opération une seconde fois.

Faites chauffer environ 2,5 cm d'huile dans une poêle. Quand elle est très chaude, déposez une seule couche de poissons en prenant garde à ce qu'ils ne se touchent pas. Faites frire, jusqu'à ce qu'ils soient croustillants et dorés. Égouttez aussitôt sur du papier absorbant et servez, accompagné de brins de persil et de quartiers de citrons.

Poisson frit

Voici une recette marocaine savoureuse et très simple à réaliser, idéale pour les pavés de poisson.

Pour 4 personnes

4 cuil. à soupe de coriandre fraîche, hachée
½ piment rouge, épépiné et finement haché
3 gousses d'ail, finement hachées
½ cuil. à café de cumin moulu
½ cuil. à café de poivre noir
Jus d'un citron
Sel
150 ml d'huile d'olive
1 à 2,5 kg de poisson, coupé en pavés de 4 cm
Semoule, pour paner

Mélangez la coriandre, le piment, l'ail, les épices, le jus de citron, une pincée de sel et la moitié de l'huile. Badigeonnez le poisson, couvrez et placez au frais 1 à 2 heures.

Roulez le poisson dans la semoule, de manière à le paner uniformément. Faites chauffer le restant d'huile dans une grande poêle puis faites frire les pavés, plusieurs à la fois, jusqu'à ce qu'ils soient dorés des deux côtés. Servez aussitôt.

À DROITE : *Friture de poissons.*

Sardines grillées et condiment de tomates à La Goulette

Sur la place de La Goulette, une petite ville ainsi nommée parce qu'elle se situe sur une bande de terre en forme de goulet, le long du canal qui relie Tunis à la mer, on trouve de nombreux restaurants spécialisés en poisson. En été, les tables envahissent les trottoirs et une odeur de grillade se répand dans l'atmosphère.

Pour 4 personnes
16 sardines fraîches
Brins de coriandre, pour décorer

Pour la marinade
1 gousse d'ail
2 cuil. à café de graines de coriandre, grillées
1 piment rouge, séché, épépiné et écrasé
Jus d'un citron vert et son zeste, finement râpé
4 cuil. à soupe d'huile d'olive
Sel et poivre

Pour le condiment
4 oignons nouveaux, uniquement les têtes, hachés
Jus d'un citron vert
225 g de tomates bien parfumées, pelées, épépinées et hachées
1 moitié de tomate, séchée au soleil, hachée
½ piment rouge, séché, épépiné et haché
3 cuil. à soupe de feuilles de coriandre, hachée

Passez le dos d'une lame de couteau sur le poisson, en remontant de la queue vers la tête pour enlever les écailles. À l'aide de ciseaux, coupez les nageoires et faites une entaille dans l'estomac. Retirez et jetez les intestins. Lavez le poisson et séchez-le avec du papier absorbant. Disposez les sardines sur un plat peu profond, non métallique.
Pilez l'ail et les graines de coriandre avec une pincée de sel et le piment écrasé. Ajoutez le zeste et le jus du citron vert, puis versez l'huile petit à petit, tout en remuant. Versez le mélange sur les sardines et retournez-les pour qu'elles en soient bien enrobées. Couvrez et réservez au frais 1 heure environ, en les retournant deux ou trois fois. Mélangez les ingrédients du condiment dans un mixeur.
Retirez les sardines du plat et réservez le jus épicé. Faites cuire les sardines sur une grille de four sous un grill préchauffé, 2 à 3 minutes de chaque côté, en les mouillant avec la marinade. Servez garni de rondelles de citrons verts.

Sardines grillées au citron et à la coriandre

C'est une spécialité algérienne dont la recette m'a été donnée par un Algérien vivant aujourd'hui en France.

Pour 4 personnes
6 cuil. à soupe d'huile d'olive
3 cuil. à soupe de jus de citron
2 cuil. à soupe de coriandre fraîche, hachée
1 bonne pincée de paprika
1 bonne pincée de cumin
Sel et poivre
900 g de sardines fraîches, préparées (voir ci-dessus pour la préparation des sardines)

À GAUCHE : *Sardines grillées et condiment de tomates à la mode de la Gaulette.*

Mélangez l'huile, le jus de citron, la coriandre, le sel et le poivre. Disposez une couche de sardines dans un grand plat peu profond, et versez par-dessus la préparation au citron. Réfrigérez 1 heure, en retournant les sardines 2 ou 3 fois.
Préchauffez le grill. Faites griller les sardines 2 à 3 minutes de chaque côté. Badigeonnez-les de préparation au citron pendant qu'elles grillent, après les avoir retournées. Servez, après avoir arrosé le poisson avec l'éventuel reste de préparation au citron.

Daurade aux citrons confits

La daurade est la reine des brèmes mais, si vous n'arrivez pas à vous en procurer, choisissez de la brème ordinaire ou du denté pour ce plat algérien.

Pour 4 personnes

16 à 20 rondelles de citrons confits à l'huile (voir page 124)

1 brème, de préférence 1 daurade, de 1,5 kg env. ou tout autre poisson blanc à chair ferme, vidé et écaillé

150 ml de l'huile du bocal à citrons confits

1 cuil. à soupe de feuilles de coriandre fraîche, hachées

1 cuil. à soupe de paprika

Sel et poivre

Disposez environ 12 rondelles de citrons dans le fond d'un plat à gratin peu profond. Faites plusieurs entailles le long de chaque côté du poisson, assaisonnez l'intérieur et l'extérieur. Remplissez le poisson de coriandre, puis saupoudrez-le de paprika. Placez-le sur les rondelles de citrons confits et couvrez-le d'une nouvelle couche de rondelles de citrons. Versez par-dessus l'huile et enfournez le poisson 5 minutes environ, dans un four préchauffé à température maximum. Arrosez le poisson ; diminuez la température du four à 180 °C (thermostat 4) et poursuivez la cuisson 40 minutes environ, en arrosant de temps à autre.

Crevettes grillées à la Tunisienne

Quand je prépare ce plat, je me souviens du ciel au-dessus de Bizerte, un paisible village de pêcheurs en Tunisie, des bruits de la nuit qui tombe et de l'exotique parfum des crevettes grillées au feu de bois, dont les effluves arrivent irrésistiblement jusqu'à moi…

Pour 4 personnes

450 g de crevettes géantes crues, non décortiquées
2 gousses d'ail, écrasées
4 cuil. à soupe d'huile d'olive
1 cuil. à café de cumin moulu
½ cuil. à café de gingembre
1 cuil. à café de paprika
¼ de cuil. à café de poivre de Cayenne
Feuilles d'un bouquet de coriandre, finement hachées
Sel
Quartiers de citrons, pour accompagner

Retirez les têtes et les pattes des crevettes. À l'aide d'une paire de ciseaux de cuisine, coupez les crevettes en deux, dans le sens de la longueur, en conservant la queue intacte. Disposez les crevettes sur une seule couche dans un grand plat peu profond.

Dans un petit bol, mélangez le reste des ingrédients, à l'exception des quartiers de citrons, puis versez le mélange d'épices sur les crevettes et placez-les au frais 1 à 2 heures, en les retournant de temps à autre. Servez accompagné des quartiers de citrons.

Poisson pané aux amandes

Hout benoua

C'est à Safi, un port de pêche au Maroc, que l'on sert ce plat de poisson inhabituel mais délicieux, enrobé d'une croustillante panure sucrée et piquante.

Pour 4 personnes

225 g d'amandes, émondées, grillées et moulues
65 g de sucre glace
1 cuil. à soupe d'eau de fleur d'oranger
1 cuil. à soupe de cannelle moulue
100 ml d'eau
50 g de beurre, ramolli, et un peu plus pour beurrer le plat
Sel et poivre
1 daurade ou loup de 1,75 kg env., vidé
1 oignon, finement haché
1 pincée de stigmates de safran, écrasés

Préchauffez le four à 190 °C (thermostat 5). Dans une terrine, versez les amandes, le sucre glace, l'eau de fleur d'oranger, la cannelle, 3 cuil. à soupe d'eau, la moitié du beurre, le sel et le poivre. Mélangez jusqu'à obtenir une pâte homogène. Assaisonnez l'intérieur et l'extérieur du poisson puis remplissez-le de la moitié de la préparation d'amandes.

Mélangez l'oignon, le safran et le restant d'eau et versez le tout dans un grand plat à four beurré. Placez le poisson sur le mélange d'oignons et étalez le restant de la préparation d'amandes sur le poisson. Faites fondre le reste de beurre et versez-le sur la préparation d'amandes.

Mettez au four 45 minutes environ jusqu'à ce que le poisson soit cuit et que la préparation d'amandes forme une croûte tout en restant tendre à l'intérieur.

Poisson mariné à l'huile piquante

Poisson en tajine mekwalli

Dans cette recette, le flétan peut être remplacé par du colin, du cabillaud ou du mulet.

Pour 4 à 6 personnes

900 g de darnes de flétan
175 ml d'huile d'olive
1 cuil. à café de gingembre moulu
1 pincée de stigmates de safran, écrasés
Olives noires dénoyautées et citrons, pour décorer

Pour la marinade

3 gousses d'ail
Sel
1 cuil. à café de poivre de Cayenne
1 cuil. à café de coriandre moulue
1 cuil. à café de cumin

Préparation de la marinade : écrasez l'ail additionné d'une généreuse pincée de sel puis mélangez-le aux épices. Badigeonnez chaque darne de marinade puis disposez-les en une seule couche dans un plat à four épais et réservez au frais 6 heures. Préchauffez le four à 190 °C (thermostat 5).

Mélangez l'huile avec le safran et le gingembre. Versez sur le poisson, couvrez et mettez au four 20 à 25 minutes environ jusqu'à ce que la chair du poisson se défasse facilement. Servez garni d'olives noires et de citrons.

À DROITE : *Poisson pané aux amandes.*

Boulettes de poisson à la sauce tomate

Kouirat el hout

Les boulettes de poisson sont un plat favori partout le long de la côte nord-africaine. Le choix du poisson varie en fonction des arrivages. Les boulettes sont frites. Elles peuvent aussi être cuites dans une sauce tomate, comme le propose cette recette algérienne.

Pour 4 à 6 personnes

2 tranches de pain, sans la croûte, préalablement trempées dans un peu d'eau
675 g de filet d'un poisson blanc à chair ferme, tel que le colin, l'aiglefin ou le cabillaud, sans la peau, haché
1 gros œuf, légèrement battu
1 bouquet de persil, haché
Sel et poivre

Pour la sauce

1 oignon d'Espagne, finement haché
3 cuil. à soupe d'huile d'olive
2 gousses d'ail, finement hachées
3 belles tomates pelées, épépinées et hachées
½ poivron rouge, finement haché
1 cuil. à café de cumin et de paprika moulus
1 pincée de poivre de Cayenne
300 ml d'eau
Sel et poivre
Coriandre hachée ou persil plat haché, pour décorer

Pressez le pain pour faire couler l'eau, déposez-le dans une terrine, ajoutez les autres ingrédients et l'assaisonnement puis mélangez soigneusement. Les mains humides, formez des boulettes de la taille d'une noix.

Pour la sauce, faites chauffer l'huile dans une poêle puis ajoutez l'oignon et faites-le revenir jusqu'à ce qu'il soit tendre. Ajoutez l'ail et le poivron rouge, faites cuire 2 à 3 minutes puis ajoutez les épices et enfin les tomates et l'eau. Portez à ébullition. Écumez la mousse, incorporez les boulettes de poisson et faites mijoter à feu doux 8 minutes environ, retournez-les une fois.

Transvasez les boulettes de poisson dans un plat de service chaud et conservez au chaud. Portez la sauce à ébullition jusqu'à ce qu'elle épaississe légèrement. Versez-la sur les boulettes de poisson et saupoudrez de coriandre hachée ou de persil haché.

CI-DESSUS : *Le bord de mer à Médique, Maroc.*

Tajine de poisson et Chermoula

Il existe de nombreuses adaptations de ce plat, aussi n'hésitez pas à varier les ingrédients qui vous sont donnés ici, selon vos préférences.

Pour 4 personnes

675 g de filet de mulet, de daurade ou de lotte

Pour la marinade

3 cuil. à soupe d'huile d'olive
3 gousses d'ail, écrasées
1 cuil. à café ½ de cumin moulu
1 cuil. à café de paprika
1 piment vert frais, finement haché
1 poignée de feuilles de coriandre fraîche, finement hachées
4 cuil. à soupe de jus de citron
Sel
Quartiers de citrons

Placez le poisson dans un plat non métallique peu profond. Dans un petit bol, mélangez les ingrédients de la marinade, puis versez celle-ci sur le poisson. Couvrez et réservez au frais 3 à 4 heures, en retournant le poisson de temps à autre. Préchauffez le grill, puis placez le poisson sur une grille de four. Selon l'épaisseur du poisson, faites-le griller 4 minutes environ de chaque côté, en l'arrosant de marinade de temps en temps, ou jusqu'à ce que la chair se défasse facilement sous la pointe d'un couteau. Servez chaud, accompagné de quartiers de citrons.

Tajine de poisson au céleri

Hout bil karfas

Ici, les branches de céleri ont la même fonction que les tiges de bambou utilisées dans le tajine de poisson aux olives, et donnent un goût supplémentaire au poisson et à la sauce.

Pour 4 personnes

450 g de branches de céleri
2 gousses d'ail
Sel
2 cuil. à café de paprika
1 cuil. à café de cumin moulu
1 pincée de stigmates de safran, grillés et écrasés
1 pincée de poivre de Cayenne
2 cuil. à soupe ½ d'huile d'olive
1,5 kg de poisson blanc à chair ferme, daurade ou loup, vidé
Jus de citron
350 g de belles tomates, pelées, épépinées et hachées
½ citron confit au sel (voir page 125), sans la chair (facultatif), zeste haché
1 cuil. à café de persil haché

Mélangez l'ail, le sel, les épices et l'huile dans un moulin à épices. À l'aide d'un couteau pointu, faites 4 entailles diagonales de chaque côté du poisson. Badigeonnez le mélange d'épices à l'intérieur du poisson et sur les côtés, en pressant bien sur les nageoires. Disposez le poisson sur une assiette et versez par-dessus le reste du mélange d'épices. Réservez au frais, mais pas au réfrigérateur, durant 1 heure. Préchauffez le four à 190 °C (thermostat 5).

Coupez les branches de céleri dans le sens de la longueur, puis en morceaux de 5 cm de long. Disposez-les en une seule couche dans un plat à four. Posez le poisson par-dessus. Raclez de l'assiette l'éventuel reste de mélange d'épices et versez-le sur le poisson. Recouvrez-le avec les tomates, le zeste du citron confit et le persil. Couvrez avec du papier d'aluminium et mettez au four 30 minutes. Retirez la feuille d'aluminium et poursuivez la cuisson 15 minutes environ.

Rouget au poivron rouge et sauce à la menthe

La menthe donne une saveur inhabituelle à cette sauce aux poivrons rouges que l'on versera sur ces jolis et délicieux petits poissons.

Pour 4 personnes

1 ½ à 2 cuil. à soupe d'huile d'olive
4 rougets d'env. 225 g chacun, vidés et écaillés
Sel et poivre
1 oignon, finement haché
2 gousses d'ail, hachées
1 petit poivron rouge grillé, épluché (facultatif), puis épépiné et haché
1 pincée de poivre de Cayenne
3 à 5 feuilles de menthe
1 petit brin de thym
2 à 3 cuil. de jus de citron

Assaisonnez le rouget, puis faites-le frire dans l'huile d'olive 4 à 5 minutes de chaque côté, jusqu'à ce que la chair se défasse facilement. Égouttez sur du papier absorbant, puis transvasez le poisson dans un plat chaud et réservez. Dans la poêle, ajoutez l'oignon, l'ail et le poivron et faites revenir à feu doux jusqu'à ce que l'oignon soit tendre et doré. Ajoutez le poivre de Cayenne, le thym, la menthe, le jus de citron et le sel et portez à ébullition pour réduire un peu le jus. Retirez le brin de thym, versez la sauce sur le poisson et servez.

Tajine de poisson aux citrons et aux olives

Hout bil zeïtoun

Pour ce tajine, *la tradition veut que des tiges de bambou soient entrecroisées au fond du plat pour éviter que le poisson ne colle. Toutefois, si le poisson est cuit au four, on peut se passer des tiges de bambou.*

Pour 4 personnes

1 portion de chermoula *2 (voir page 126)*
1 poisson blanc à chair ferme de 1,5 kg environ, vidé
350 g d'olives vertes en morceaux
2 citrons verts, pelés et émincés
3 cuil. à soupe d'huile d'olive (facultatif)
3 cuil. à soupe de jus de citron vert (facultatif)

Badigeonnez la moitié de la *chermoula* sur la peau et à l'intérieur du poisson. Réservez au frais 1 heure environ. Blanchissez les olives successivement dans trois eaux différentes puis égouttez-les bien et mélangez-les au reste de *chermoula*. Préchauffez le four à 200 °C (thermostat 6).
Si vous le souhaitez, disposez les tiges de bambou en forme de croix au fond d'un plat à four assez grand pour contenir le poisson. Autrement, graissez un plat à four. Déposez le poisson dans le plat et couvrez avec les rondelles de citrons verts, puis avec les olives. Versez de l'huile d'olive (facultatif) et un peu d'eau autour du poisson, couvrez de papier d'aluminium et mettez au four 35 minutes environ. Retirez le papier d'aluminium et faites cuire encore 10 à 15 minutes. Arrosez de jus de citron vert, si vous le souhaitez. Servez arrosé du jus de cuisson.

À GAUCHE : *Rouget au poivron rouge et sauce à la menthe.*

Tajine de poisson aux poivrons, pommes de terre, tomates

Hout tundjera

Ce tajine *est un plat de poisson savoureux et nourrissant.*

Pour 4 personnes

1 portion de chermoula *1 ou 2 (voir page 126)*
4 pavés ou darnes de poisson, poids total 1 kg
2 pommes de terre, coupées en fines rondelles
3 tomates, coupées en rondelles
2 poivrons rouges, coupés en lamelles
1 cuil. à soupe de purée de tomates
1 gousse d'ail, hachée
4 cuil. à soupe de jus de citron
4 cuil. à soupe d'huile d'olive
5 cuil. à soupe d'eau

Badigeonnez l'intérieur du poisson d'un peu de *chermoula* et réservez-le au frais (pas au réfrigérateur) 1 heure environ. Préchauffez le four à 190 °C (thermostat 5).
Si vous le souhaitez, disposez des tiges de bambou en les entrecroisant au fond d'un plat à four. Placez le poisson dans le plat et recouvrez-le de pommes de terre. Arrosez d'un peu de *chermoula* puis couvrez avec les tomates et les poivrons. Mélangez le reste de *chermoula* avec la purée de tomates, l'ail, le jus de citron, l'huile et l'eau. Versez sur le poisson, couvrez de papier d'aluminium et mettez au four 25 minutes. Retirez le papier d'aluminium et faites cuire encore 10 à 15 minutes. Laissez refroidir un peu avant de servir chaud.

Gratin de poisson aux œufs, oignons et citrons confits

Il est plutôt inhabituel de farcir un poisson avec des œufs épicés, mais c'est une spécialité typiquement marocaine, et un régal inattendu.

Pour 4 personnes

5 cuil. à soupe d'huile
300 g d'oignons rouges, finement hachés
50 g de beurre
2 œufs
2 cuil. à soupe de coriandre fraîche, hachée
1 pincée de stigmates de safran, grillés et écrasés
Zeste finement émincé d'un citron confit au sel (voir page 125)
Sel et poivre
1 kg de filets de poisson à chair blanche
Persil frais haché, pour décorer

Préchauffez le four à 190 °C (thermostat 5). Faites chauffer 2 cuil. à soupe d'huile dans une poêle et faites revenir l'oignon jusqu'à ce qu'il soit tendre et transparent. Entre-temps, dans une autre poêle, faites fondre la moitié du beurre et mettez à cuire les œufs jusqu'à ce qu'ils soient presque fermes, puis remuez-les comme des œufs brouillés.
Mélangez les œufs, la coriandre, le safran, le zeste du citron confit, le sel et le poivre à l'oignon.
Dans un plat à four, disposez la moitié des filets de poisson, la peau vers le fond, assaisonnez et couvrez avec la moitié de la préparation aux oignons. Faites une nouvelle couche avec le poisson restant, la peau tournée vers le haut, et couvrez avec le reste de la préparation. Arrosez d'huile et garnissez de beurre. Mettez au four 35 minutes environ, puis faites gratiner le dessus. Saupoudrez de persil et servez.

4

Volaille

Dans les pays où la viande est moins abondante, la volaille tient souvent une place importante dans l'alimentation, notamment dans celle des familles plus modestes. En Afrique du Nord, la volaille, à l'apparence peu flatteuse et décharnée, est souvent trompeuse quant à sa saveur. Sur place, les amateurs savent que la meilleure manière de cuire la volaille est de la braiser doucement, jusqu'à ce que la chair soit tendre au point de se détacher des os. Les pigeons sont utilisés pour réaliser la célèbre tarte marocaine nommée bstilla, ainsi que pour d'autres plats traditionnels d'Afrique du Nord.

Tajine de poulet aux olives et citrons confits

Djej emchmel - Djej mekwalli

Cette recette ne peut pas être préparée avec des citrons frais, ou ce serait un plat complètement différent. La saveur moelleuse des citrons confits se marie merveilleusement avec les olives marocaines brun rose.

Pour 4 personnes

2 à 3 cuil. à soupe d'huile d'olive
1 oignon d'Espagne, finement haché
3 gousses d'ail
Sel et poivre
¾ de cuil. à café de gingembre moulu
1 cuil. à café ½ de cannelle moulue
1 bonne pincée de stigmates de safran, grillés et écrasés
1 poulet de 1,6 kg environ
700 ml de bouillon de volaille ou d'eau
115 g d'olives marocaines brun rose, rincées (ou d'olives grecques kalamata*)*
1 gros bouquet de coriandre, finement hachée
1 gros bouquet de persil, finement haché
1 citron confit au sel (voir page 125), sans la chair (facultatif), rincé et haché

À GAUCHE : Tajine *de poulet aux olives et citrons confits.*

Faites chauffer l'huile dans une poêle. Faites revenir l'oignon jusqu'à ce qu'il soit doré. Entre-temps, dans un mortier, écrasez l'ail additionné d'une pincée de sel puis ajoutez le gingembre, la cannelle, le safran et un peu de poivre. Mélangez aux oignons et faites cuire pour en dégager l'arôme, puis versez sur le poulet.

Placez le poulet dans une sauteuse ou un plat en fonte qui permette de bien le caler, ajoutez le bouillon ou l'eau puis portez à ébullition. Couvrez et faites mijoter à feu très doux 1 heure 15 environ, en retournant le poulet 2 ou 3 fois.

Ajoutez les olives, le citron confit et les herbes, couvrez à nouveau et poursuivez la cuisson 15 minutes environ, jusqu'à ce que le poulet soit très tendre. Goûtez la sauce : si le goût demande à être plus concentré, transvasez le poulet dans un plat à four peu profond et chaud, couvrez et réservez-le au four. Réduisez le jus de cuisson pour obtenir une sauce épaisse. Si vous le souhaitez, versez le surplus de graisse de cuisson restant dans la sauteuse sur le poulet.

Poulet aux raisins

Djej bil einab

L'addition du jus d'un morceau de gingembre frais n'est pas une coutume typiquement marocaine, mais cela donne une note de fraîcheur à cette recette.

Pour 4 personnes

4 cm de gingembre frais
1 cuil. à café de cannelle moulue
4 morceaux de poulet
2 cuil. à soupe de beurre doux
1 cuil. à soupe d'huile d'olive
225 g de raisins sans pépins, coupés en deux

Mettez le gingembre dans un presse-ail pour en extraire le jus, puis mélangez celui-ci à la cannelle. Badigeonnez-en le poulet et réservez au frais 2 heures.

Faites chauffer le beurre dans une poêle, puis faites revenir le poulet jusqu'à ce qu'il soit uniformément doré. Ajoutez les grains de raisin et laissez cuire à feu doux, en retournant le poulet de temps à autre, jusqu'à ce qu'il soit tendre.

Poulet farci au couscous et sauce au miel piquante

Djej m'ahmar

Ce poulet, si tendre qu'il en est fondant, accompagné d'une farce de couscous *aux amandes et d'une sauce piquante au miel, est servi au Maroc lors des fêtes et des célébrations. Bien que la sauce contienne déjà du miel, la farce est traditionnellement additionnée de quelques généreuses cuillerées de sucre. Si vous souhaitez vous aussi sucrer la farce, je vous conseille de faire un premier essai avec 1 à 1 cuil. à soupe ½ de sucre. L'excédent de farce peut être cuit dans la partie supérieure d'un couscoussier, ou dans une passoire placée au-dessus de la casserole en fin de cuisson.*

Pour 4 personnes

1 gros poulet
1 oignon d'Espagne ½, finement haché
3 cuil. à soupe d'huile
2 gousses d'ail, hachées
2 cuil. à café de cannelle moulue
½ cuil. à café de stigmates de safran, écrasés
¼ à ½ cuil. à café de gingembre moulu
Sel
Env. 570 ml d'eau
Env. 2 cuil. à soupe de miel liquide

Pour la farce

Env. 570 ml d'eau
350 g de couscous *précuit (voir page 11)*
3 cuil. à soupe de raisins secs
75 g d'amandes émondées, grillées et hachées
1 cuil. à soupe ½ d'eau de fleur d'oranger
2 cuil. à soupe d'huile
1 cuil. à café de cannelle
1 pincée de clou de girofle moulu
1 pincée de noix de muscade fraîchement, râpée
Sel et poivre

Versez l'eau sur le *couscous* et réservez 5 minutes, en remuant de temps à autre, jusqu'à ce que l'eau soit absorbée. Versez ensuite le reste des ingrédients.

Remplissez de farce l'intérieur et le cou du poulet, sans trop tasser. Repliez l'encolure et fermez avec une ficelle ou une broche. Ficelez la cavité du poulet. Faites chauffer l'huile dans une poêle assez grande pour contenir le poulet, puis faites revenir les oignons jusqu'à ce qu'ils soient tendres. Ajoutez l'ail, les épices et le sel puis incorporez le poulet. Versez l'eau, couvrez et portez à ébullition, puis faites pocher 30 minutes environ. Ajoutez le miel et poursuivez la cuisson 45 à 60 minutes, jusqu'à ce que le poulet soit tendre.

Réservez le poulet sur un plat chaud. Goûtez la sauce et, si nécessaire, portez à ébullition pour en dégager l'arôme. À l'aide d'une cuillère, disposez le reste de la farce sur le plat et versez la sauce sur le poulet et la farce.

Poulet aux pois chiches, au citron et au persil

Sferiya

Dans cette recette algérienne, la sauce est épaissie avec des oignons râpés, du persil et de la coriandre, et elle est parfumée avec du safran et du jus de citron.

Pour 4 personnes

2 gousses d'ail, écrasées
Sel et poivre
½ cuil. à café de gingembre moulu
1 pincée de stigmates de safran
65 g de beurre doux, ramolli
1 poulet d'env. 1,5 kg
1 bâton de cannelle
1 petit bouquet de persil et de coriandre mélangés, finement haché
75 g d'oignons nouveaux (parties blanches), hachés
175 g de poix chiches, ayant trempé toute la nuit
1 petit oignon d'Espagne, finement haché
Jus de citron

Écrasez l'ail additionné d'une pincée de sel et, dans un bol, mélangez-le avec le gingembre, le poivre et le safran. Ajoutez-y la moitié du beurre, mélangez et badigeonnez le poulet. Placez-le dans un grand plat et réservez au frais toute une nuit.

Transvasez le poulet et le jus qui en aurait coulé dans une sauteuse adaptée à la taille du poulet. Ajoutez la moitié des herbes, des oignons nouveaux, du bâton de cannelle, des pois chiches et assez d'eau pour couvrir le tout. Faites mijoter puis cuire à feu doux 1 heure ¼ à 1 heure ½, jusqu'à ce que le poulet soit tendre, en le retournant plusieurs fois.

Entre-temps, faites fondre le restant du beurre dans une petite poêle, puis faites revenir l'oignon d'Espagne jusqu'à ce qu'il soit tendre mais pas doré. Soulevez le poulet pour faire couler le jus dans la sauteuse. Réservez le poulet au chaud.

Ajoutez les oignons et presque tout le reste des herbes au jus de cuisson, et faites mijoter pour réduire l'ensemble en sauce. Ajoutez du jus de citron. Retirez le bâton de cannelle. Découpez le poulet et disposez-en les morceaux dans un plat de service chaud. Versez par-dessus la sauce épaisse et saupoudrez le reste de persil et de coriandre.

Tajine de poulet aux tomates

Djej maticha mesla

Pour donner à ce plat une saveur particulière, ajoutez en fin de cuisson un peu de miel parfumé et, selon la qualité des tomates, versez également du jus de citron pour relever légèrement le goût.

Pour 4 personnes

1 poulet d'env. 1,6 kg, découpé
1,5 kg de belles tomates, pelées et hachées
1 oignon d'Espagne, râpé
1 gousse d'ail, écrasée
1 pincée de stigmates de safran, écrasés
2 cuil. à café de cannelle
¼ de cuil. à café de gingembre moulu
40 g de beurre doux ou d'huile
Sel et poivre
2 cuil. à soupe de miel
Amandes émondées et grillées et graines de sésame, pour décorer

Mettez tous les ingrédients — à l'exception du miel et de la garniture — dans une grande cocotte en fonte. Faites frémir, puis couvrez et faites cuire à feu doux 1 heure environ, jusqu'à ce que le poulet soit tendre.

Retirez le poulet et réservez-le au chaud. Portez le jus de cuisson à ébullition, en remuant souvent, jusqu'à ce qu'il ait réduit et qu'il commence à caraméliser sur les bords. Sur feu doux, ajoutez le miel puis incorporez le poulet et tournez-le de manière à bien le napper de sauce. Servez saupoudré d'amandes et de graines de sésame.

Poulet à la sauce piquante, cuit deux fois

Djej mahammeur

Voici une variante de ce plat marocain typique de Rabat. Le poulet est d'abord braisé avec beaucoup d'oignons et d'herbes aromatiques, puis doré dans du beurre. Le jus de la première cuisson est réduit pour obtenir une sauce qui accompagnera le poulet.

Pour 6 personnes

2 poulets, de 1,4 kg env. chacun

2 oignons d'Espagne, hachés finement

2 gousses d'ail, finement hachées

1 pincée de stigmates de safran, écrasés

½ cuil. à café de gingembre moulu

½ cuil. à café de poivre noir moulu

Sel

300 ml d'eau

115 ml d'huile d'olive

100 g de beurre doux

Mettez le poulet dans une grande sauteuse avec tous les ingrédients, à l'exception de l'huile et du beurre. Couvrez et faites frémir, puis écumez la mousse et laissez mijoter à feu très doux 1 heure à 1 heure 15, en retournant le poulet de temps à temps et en ajoutant un peu d'eau, si nécessaire. Retirez le poulet de la sauteuse en le secouant un peu, de manière à ce que le jus de cuisson s'écoule.

Faites chauffer l'huile et le beurre dans une poêle, ajoutez le poulet et faites le dorer. Entre-temps, faites bouillir le jus de cuisson dans la sauteuse pour l'épaissir et le réduire en sauce. Servez le poulet accompagné de la sauce.

Pigeon à l'orange

En Afrique du Nord, il est fréquent de voir des pigeonniers à la campagne et en ville. Ces pigeons sont petits et tendres et ressemblent à ceux que nous élevons à la ferme, plutôt qu'aux pigeons sauvages.

Pour 6 personnes

3 cuil. à soupe d'huile d'olive
6 jeunes pigeons
225 g d'échalotes, pelées
1 bâton de cannelle
1 feuille de laurier
¾ à 1 cuil. à café de gingembre frais, râpé
1 bonne pincée de stigmates de safran, grillés et écrasés
850 ml de bouillon de volaille
Sel et poivre
2 cuil. à soupe de miel liquide
2 oranges, pelées et coupées en épaisses rondelles
Amandes coupées en deux, légèrement grillées, pour décorer

À GAUCHE : *Pigeon à l'orange.*

Faites chauffer l'huile dans une cocotte en fonte et ajoutez les pigeons, puis faites-les revenir jusqu'à ce qu'ils soient dorés. À l'aide d'une écumoire, transvasez-les dans un plat. Dans la cocotte, ajoutez les échalotes et faites-les revenir jusqu'à ce qu'elles soient dorées. Incorporez la cannelle, la feuille de laurier, le gingembre, le safran, le bouillon et l'assaisonnement. Mélangez et portez à ébullition. Remettez les pigeons dans la cocotte et faites cuire à feu doux 1 heure environ, selon leur âge, en retournant les pigeons de temps à autre, jusqu'à ce qu'ils soient un peu tendres.

Ajoutez le miel, couvrez et poursuivez la cuisson 30 à 45 minutes, pour que les pigeons soient très tendres. À l'aide d'une écumoire, transvasez les pigeons dans un grand plat de service chaud, couvrez et réservez au chaud.

Portez le jus de cuisson à ébullition jusqu'à ce qu'il épaississe légèrement puis, à la fin, ajoutez les rondelles d'orange. Retirez la cannelle et la feuille de laurier. Versez la sauce sur les pigeons et saupoudrez-les d'amandes.

Poulet Kedra aux amandes

Djej Bil Louz

La Kedra *est une sorte particulière de* tajine. *La cuisson longue et à feu très doux rend les amandes merveilleusement tendres. En fin de cuisson, on ajoute du jus de citron pour alléger la sauce.*

Pour 4 personnes

1 poulet de 1,6 kg env., découpé
1 oignon d'Espagne, haché
115 g d'amandes, émondées
½ cuil. à café de cannelle moulue
1 pincée de stigmates de safran écrasés
½ cuil. à café de gingembre moulu
50 g de sel doux
1 grand bouquet de persil, finement haché
Jus d'un citron
Sel et poivre

Versez tous les ingrédients, à l'exception du persil et du jus de citron, dans une sauteuse. Recouvrez-les d'eau et faites frémir, puis couvrez et laissez cuire à feu doux 1 heure environ, jusqu'à ce que le poulet soit très tendre et que la chair se défasse presque des os.

Transvasez le poulet dans un plat de service chaud et réservez au four. Faites bouillir le jus pour le réduire en sauce, puis ajoutez le persil et, selon vôtre goût, du jus de citron juste en fin de cuisson.

Poulet aux pruneaux, au miel et à la cannelle

Djaj bil bargoug wa assel

Dans cette recette marocaine, le poulet est cuit avec la cannelle, tandis que les pruneaux sont cuits séparément et réduits en sauce avec le jus de cuisson.

Pour 4 personnes
2 cuil. à soupe d'huile d'olive
4 morceaux de poulet
1 petit morceau de bâton de cannelle
3 belles tomates, pelées et hachées
425 ml de bouillon de volaille
Sel et poivre
115 g de pruneaux dénoyautés
1 cuil. à soupe de miel liquide
1 cuil. à soupe de gingembre frais, râpé
50 g de raisins secs
1 pincée de stigmates de safran, écrasés
150 ml d'eau
Graines de sésame grillées, pour décorer

Faites chauffer l'huile dans une poêle, faites rissoler le poulet puis ajoutez la cannelle, les tomates, le bouillon et l'assaisonnement. Portez à ébullition puis couvrez aussitôt et laissez mijoter à petit feu 45 minutes environ, en retirant le couvercle en fin de cuisson.

Entre-temps, faites cuire les pruneaux dans l'eau avec le miel, le gingembre, les raisins et le safran 15 minutes environ, jusqu'à ce qu'ils soient tendres. Transvasez le poulet dans un plat de service chaud et réservez au four.

Faites bouillir le jus de cuisson pour le réduire à 150 ml. Ajoutez les pruneaux et faites chauffer le mélange 1 minute. Versez sur le poulet et décorez avec les graines de sésame.

Poulet farci aux fruits secs

Ce plat berbère est un bon exemple du goût des Nord-africains pour le mélange de viande et de fruits. On farcit le cou et l'intérieur du poulet, sans trop tasser la farce dont le reste peut être réchauffé et servi avec du couscous.

Pour 4 personnes
5 cuil. à soupe d'huile d'olive
1 oignon, haché
25 g de pignons hachés, ou d'amandes hachées
225 g d'un mélange de fruits secs (abricots, pommes, poires, pruneaux, raisins) macérés, égouttés et hachés
Sel et poivre
1 poulet de 1,5 kg

À DROITE : *Poulet aux pruneaux, miel et cannelle.*

Préchauffez le four entre 150 et 175 °C (thermostat 2 ou 3). Faites chauffer 2 cuil. à soupe d'huile dans une poêle, puis faites à peine roussir l'oignon. Ajoutez les amandes ou les pignons et faites cuire 2 à 3 minutes, puis ajoutez les fruits secs et l'assaisonnement. Laissez refroidir. Fourrez le poulet avec le mélange de fruits et troussez-le. Dans une cocotte en fonte, faites rissoler le poulet dans le reste d'huile. Salez et poivrez, puis posez le poulet sur le côté. Couvrez le plat et mettez au four 1 heure 30, en retournant le poulet toutes les 30 minutes, de sorte que la poitrine soit tournée vers le haut pour les 30 dernières minutes de cuisson.

Croustade au pigeon (ou poulet) marocaine

Bstilla

La Bstilla *est un des grands plats de la cuisine nord-africaine. Elle est servie chaude en entrée. Pour la manger, il faut plonger le pouce et les deux premiers doigts de la main droite à travers la croustade jusqu'à la farce fumante, et en extraire le morceau choisi. Au Maroc, la croustade est faite avec la* warka. *À défaut, procurez-vous une pâte feuilletée très fine comme la feuille de* brik, *même si cela ne donnera pas la même tarte fine et croustillante. Traditionnellement, les morceaux de volaille sont laissés entiers mais la tarte sera plus facile à manger si les os sont retirés après la cuisson. Cette recette, originaire de Fès, est une variante relativement simple de ce plat.*

Pour 8 personnes

2 jeunes pigeons ou 1 poulet moyen, découpés
2 oignons d'Espagne, râpés
½ cuil. de gingembre moulu
½ cuil. de stigmates de safran, écrasés
2 cuil. à café ½ de cannelle moulue
Huile
Sel et poivre
2 bouquets de coriandre, hachés
2 bouquets de persil, hachés
8 petits œufs, battus
10 feuilles de brik
115 g d'amandes, émondées, grossièrement hachées et grillées
Sucre glace (facultatif)
Cannelle moulue et sucre glace, pour décorer

Placez la viande dans une sauteuse avec les oignons, le gingembre, le safran, ½ cuil. à café de cannelle, 3 cuil. à soupe d'huile et l'assaisonnement. Ajoutez un peu d'eau pour braiser le poulet ou les pigeons. Couvrez et faites cuire à petit feu, en les retournant de temps à autre.

Retirez les morceaux de la sauteuse et laissez-les refroidir un peu pour pouvoir les manipuler. Retirez la peau et les os. Dans la sauteuse, ajoutez la coriandre et le persil et portez à ébullition pour obtenir une sauce épaisse et presque sèche. À feu très doux, incorporez les œufs et brouillez-les.

Préchauffez le four à 190 °C (thermostat 5). Graissez un moule à gâteau de 32 cm de diamètre environ et profond de 5 cm. Étalez une feuille de *brik* dans le moule, en l'ajustant à la forme du moule et, si elle est trop grande, en la laissant retomber par-dessus le bord. Badigeonnez-la d'huile. Répétez l'opération avec quatre autres feuilles de *brik*, en les badigeonnant chacune d'huile, pour que le moule soit complètement recouvert de pâte.

Couvrez avec les morceaux de pigeon ou de poulet, puis ajoutez la préparation d'œufs. Recouvrez d'une petite feuille de *brik* et garnissez le dessus avec les amandes. Saupoudrez 2 cuil. à café de cannelle et, si vous le souhaitez, un peu de sucre glace. Rabattez la pâte qui déborde sur les amandes et recouvrez le tout avec les feuilles de *brik* restantes, sans oublier de passer un peu d'huile sur chaque feuille. Mettez au four 45 minutes, jusqu'à ce que la croustade soit dorée. Saupoudrez le dessus de sucre glace et dessinez des croisillons avec la cannelle moulue. Servez chaud.

5
Viandes

L'agneau est de loin la viande la plus populaire d'Afrique du Nord, car l'islam interdit le porc et les chèvres sont utilisées pour leur lait plutôt que pour leur viande. De jeunes moutons entiers sont parfois rôtis à la broche. C'est le mechoui, une spécialité berbère, réservé à l'origine aux fêtes et cérémonies dans le désert. Avec l'agneau, coupé en morceaux et souvent déjà mariné dans une chermoula, on prépare des brochettes qui sont grillées sur un feu au charbon de bois. Enfin, il y a les plats d'agneau, aux parfums exquis, braisés et cuits dans des tajines, jusqu'à ce que la viande soit tendre au point de se défaire.

Tajine d'agneau au fenouil

Tajine el lahm besbas

L'association du fenouil, du citron et de l'agneau donne à ce plat une saveur particulièrement délicieuse. Au Maroc, on utilise parfois du fenouil sauvage, mais le fenouil florentin que nous connaissons conviendra très bien pour ce plat.

Pour 4 à 6 personnes

1 kg d'épaule d'agneau maigre, coupé en dés de 3 cm
1 oignon, râpé
2 gousses d'ail, écrasées
2 cuil. à soupe de feuilles de coriandre hachées
1 pincée de stigmates de safran, écrasés
¾ de cuil. à café de gingembre moulu
½ cuil. à café de poivre noir
200 ml d'eau
3 bulbes de fenouils, coupés en tranches épaisses
2 cuil. à soupe de jus de citron
Sel
1 citron confit au sel (voir page 125), coupé en quartiers, sans la chair (facultatif) et rincé
75 g d'olives Kalamata

Mélangez l'agneau, l'oignon, l'ail, la coriandre et les épices dans une cocotte en fonte. Versez l'eau par-dessus et faites revenir, puis couvrez et faites cuire à petit feu 1 heure 15 environ, jusqu'à ce que l'agneau soit presque tendre.

Ajoutez le fenouil, le jus de citron et le sel, puis couvrez et poursuivez la cuisson une vingtaine de minutes, le temps que l'agneau et le fenouil deviennent tendres. Transvasez l'agneau et le fenouil dans un plat de service chaud. Décorez le dessus avec le citron confit et les olives, couvrez et réservez au chaud.

Si nécessaire, faites cuire le jus de cuisson pour le réduire et l'épaissir. Versez sur l'agneau et le fenouil, puis servez.

Tajine d'agneau aux châtaignes et aux pois chiches

Markwit kwastal

Ce ragoût merveilleusement parfumé est souvent préparé avec des châtaignes séchées, plus courantes en Tunisie, mais ce plat sera encore plus savoureux si vous utilisez des châtaignes fraîches.

Pour 4 personnes

3 cuil. à soupe d'huile d'olive
1 oignon, haché
2 branches de céleri, hachées
2 gousses d'ail, écrasées
100 g de pois chiches, ayant trempé toute la nuit puis égouttés
450 g d'agneau maigre, coupé en cubes
1 cuil. à café de cannelle moulue
Poivre
450 g de châtaignes, pelées
2 cuil. à soupe de raisins secs
Sel

Faites chauffer l'huile dans une cocotte en fonte puis ajoutez l'oignon, le céleri et l'ail, et faites-les revenir jusqu'à ce qu'ils soient tendres. Incorporez l'agneau et faites-le rissoler uniformément, puis ajoutez les pois chiches. Couvrez d'eau puis portez à ébullition ; écumez la mousse avec une écumoire. Ajoutez la cannelle et saupoudrez généreusement de poivre du moulin, mais pas de sel, couvrez et faites cuire à feu doux 1 heure 15 à 1 heure 30, jusqu'à ce que l'agneau et les pois chiches soient presque tendres.

Ajoutez les châtaignes et les raisins secs, puis salez et poursuivez la cuisson 15 à 20 minutes, le temps que tous les ingrédients soient tendres.

À DROITE : Tajine *d'agneau au fenouil.*

Agneau aux abricots à la marocaine

Sikbadj

Les abricots tunisiens sont plus foncés, plus fermes et ont un goût plus âpre que ceux que nous trouvons habituellement ici. Toutefois, vous en trouverez de très ressemblants dans les magasins diététiques ou sur les marchés. Il arrive que l'on ajoute des aubergines à ce plat, qui sera délicieux avec un riz parfumé au safran.

Pour 4 personnes

675 g d'agneau maigre, coupé en cubes
2 gousses d'ail, écrasées
5 cuil. à soupe de jus d'orange
4 cuil. à soupe d'huile d'olive
1 cuil. à soupe de coriandre fraîche, hachée
1 cuil. à soupe de menthe fraîche, hachée
1 cuil. à café de cumin moulu
1 pincée de noix de muscade fraîchement râpée
1 oignon, émincé
150 g d'abricots secs, ayant trempé toute la nuit dans un peu d'eau
50 g de dattes séchées, dénoyautées et grossièrement hachées
500 ml de bouillon
Sel et poivre
2 cuil. à soupe de graines de sésame, pour décorer

Dans un grand plat non métallique, mélangez l'agneau avec l'ail, le jus d'orange, 2 cuil. à soupe d'huile d'olive, les herbes et les épices. Couvrez et placez au réfrigérateur 24 heures, en remuant de temps en temps.

Faites chauffer le reste d'huile dans une cocotte en fonte, puis ajoutez l'oignon et faites revenir à feu doux 5 minutes. Retirez du feu et réservez.

Égouttez l'agneau et réservez la marinade. Rissolez rapidement l'agneau dans la cocotte puis ajoutez la marinade réservée, les abricots et le jus dans lequel ils ont trempé, les dattes, le bouillon, l'oignon et l'assaisonnement. Portez à ébullition, puis couvrez et faites cuire à feu doux 1 heure environ, jusqu'à ce que l'agneau soit très tendre. Retirez le couvercle en fin de cuisson pour laisser un peu de jus s'évaporer et permettre à la sauce d'épaissir. Servez saupoudré de graines de sésame.

Tajine d'agneau aux pruneaux

Tajine barrogog bis basela

Après la Reconquête, quand les Maures d'Andalousie quittèrent l'Espagne pour s'installer à Fès et à Tetouan, la cuisine du nord du Maroc connut un renouveau. Cette recette est typique des plats festifs, associant viande et fruits, qui datent de cette période. Le goût sucré des pruneaux et du miel est contrebalancé par les épices et l'assaisonnement généreux en poivre noir.

Pour 6 à 8 personnes

3 cuil. à soupe d'huile d'olive
1 gros oignon, râpé
2 gousses d'ail, hachées
900 g d'agneau maigre, coupé en gros morceaux
1 petit bouquet de persil, finement haché
2 cuil. à café de poivre noir, fraîchement moulu
½ cuil. à café de stigmates de safran écrasés
400 g de pruneaux, à peine recouverts d'eau et ayant trempé toute la nuit
2 cuil. à café de cannelle moulue
Sel
1 à 3 cuil. à soupe d'eau de fleur d'oranger, selon votre goût
Env. 2 cuil. à soupe de miel liquide, selon votre goût
Graines de sésame grillées et pignons ou amandes effilées, pour décorer

Mélangez l'huile, l'oignon, l'ail, l'agneau, le persil, le poivre et les épices dans une cocotte en fonte. Ajoutez le jus dans lequel les pruneaux ont trempé et assez d'eau pour recouvrir le mélange. Couvrez et faites cuire à feu doux 1 heure environ, jusqu'à ce que l'agneau soit presque tendre.

Ajoutez les pruneaux, la cannelle et le sel, couvrez à nouveau et poursuivez la cuisson encore 30 minutes. Versez l'eau de fleur d'oranger et le miel, selon votre goût, et faites cuire encore quelques minutes. Servez décoré de graines de sésame grillées et de pignons ou d'amandes.

Agneau au four

C'est un plat tunisien à la fois nourrissant et subtil.

Pour 6 personnes

1 kg de pommes de terre fermes, pelées
Sel et poivre
1 pincée de stigmates de safran
1,5 kg de gigot d'agneau, en tranches ou en morceaux
100 ml d'huile d'olive
Jus d'un citron

Coupez les pommes de terre en quatre dans le sens de la longueur, placez-les dans une terrine avec le safran et couvrir d'eau salée. Réservez 30 minutes.

Préchauffez le four à 180 °C (thermostat 4). Égouttez les pommes de terre et réservez 300 ml de l'eau dans laquelle elles ont trempé. Dans un plat à four, superposez les pommes de terre et l'agneau, versez par-dessus l'huile et le jus de citron et assaisonnez. Versez enfin le jus de safran réservé, couvrez et mettez au four 1 heure 30 environ.

À GAUCHE : *Agneau au four.*

Agneau braisé aux herbes

Tedlla

Dans le désert, la manière authentique de préparer ce plat est de braiser l'agneau en mettant du charbon chaud sur le dessus du tajine slaoui. *On mange ce plat en passant délicatement un morceau de pain sur l'agneau, que l'on trempe ensuite dans la sauce (faite avec beaucoup plus de beurre ou de* smen *que cette version). Puis on détache un morceau de viande de l'os, avec ses doigts ou à l'aide d'un petit morceau de pain si la viande est trop chaude.*

Pour 5 à 6 personnes

1 oignon d'Espagne, finement haché
2 gousses d'ail, finement hachées
½ cuil. à café de cannelle moulue
½ cuil. à café de cumin
½ cuil. à café de gingembre
¼ de cuil. à café de stigmates de safran grillés
1 pincée de poivre de Cayenne
Sel
5 cuil. à soupe d'huile d'olive
5 cuil. à soupe d'eau
1 épaule d'agneau d'env. 1,75 kg
75 g de beurre, ramolli, et plus pour rissoler (facultatif)
Coriandre hachée, pour décorer

Préchauffez le four à 190 °C (thermostat 5). Mélangez l'oignon, l'ail, les épices, le sel, l'huile et l'eau. Versez la moitié du mélange au fond d'une cocotte en fonte, ou d'un plat à four assez grand pour contenir l'agneau. Badigeonnez la viande avec le reste du mélange, puis transvasez-la dans la cocotte ou le plat. Garnissez le dessus avec du beurre. Faites cuire à feu vif, le temps de rissoler l'agneau.

Versez assez d'eau pour en avoir jusqu'à mi-hauteur de l'os, et portez à ébullition. Couvrez avec un couvercle ou du papier d'aluminium et mettez au four 2 heures environ, jusqu'à ce que l'agneau soit tellement tendre qu'il se détache facilement de l'os. Enfin, si vous le souhaitez, retirez le couvercle, arrosez encore une fois de beurre et faites rôtir l'agneau sous un grill très chaud, jusqu'à ce qu'il soit croustillant et doré. Mélangez un peu de coriandre hachée au jus de cuisson avant de servir.

Agneau mariné à la coriandre

Laban immo

Traduit littéralement, le nom de ce plat arabe signifie « lait de sa mère », car le jeune agneau est mariné dans du yaourt au lait de brebis avant la cuisson.

Pour 4 personnes
2 gousses d'ail
Sel
1 piment rouge séché, épépiné et haché
1 morceau de gingembre frais de 1 cm, haché
1 cuil. à soupe ½ de coriandre
1 cuil. à soupe de graines de coriandre écrasées
1 cuil. à café ½ de coriandre moulue
1 cuil. à café de cumin moulu
1 cuil. à café de curcuma moulu
300 ml de yaourt grec
1 cuil. à soupe de jus de citron
600 g d'agneau maigre, coupé en cubes
Brins de coriandre, pour décorer

Écrasez l'ail additionné d'une pincée de sel dans un mortier, ou avec l'extrémité d'un rouleau à pâtisserie dans un bol. Ajoutez le piment, le gingembre, la coriandre et travaillez-les jusqu'à obtenir une pâte. Incorporez les épices moulues et mélangez, puis versez le yaourt et le jus de citron.

Disposez l'agneau dans un plat non métallique, et versez par-dessus la préparation au yaourt ; mélangez soigneusement, puis couvrez et réservez au frais 2 à 8 heures.

Préchauffez le grill ou le barbecue. Enfilez les cubes de viande sur les brochettes et mettez-les à griller, en les retournant de temps en temps, jusqu'à ce que la viande soit dorée à l'extérieur et rose à l'intérieur. Servez décoré de brins de coriandre.

Tajine d'agneau aux coings

Safardjaliya

Les coings peuvent être remplacés par des pommes ou des poires bien fermes, mais leur saveur n'est pas aussi succulente.

Pour 6 à 8 personnes
2 cuil. à soupe d'huile
1 gros oignon, haché
900 g d'agneau maigre, coupé en cubes
1 cuil. à café de cannelle moulue
½ cuil. à café de gingembre moulu
½ cuil. à café de stigmates de safran écrasés
2 belles grosses tomates, pelées et hachées
675 g de coings
Jus de ½ citron
1 cuil. à soupe de miel liquide
Sel et poivre

À DROITE : *Agneau mariné à la coriandre.*

Faites chauffer l'huile dans une cocotte en fonte, puis faites revenir l'oignon jusqu'à ce qu'il soit tendre. Incorporez la viande et faites-la rissoler, puis versez les épices et remuez 1 minute. Ajoutez les tomates et assez d'eau pour recouvrir à peine l'ensemble. Couvrez la cocotte et faites cuire à feu doux 1 heure environ, le temps que l'agneau soit tendre.

Entre-temps, nettoyez les coings. Selon leur taille, découpez-les en huit, en quatre ou en deux. Retirez le cœur et les éventuelles taches mais pas la peau, qui donne à ce plat une saveur et une consistance gélatineuse supplémentaires.

Incorporez les coings, le citron, le miel, le sel et le poivre et poursuivez la cuisson 15 à 30 minutes, jusqu'à ce que les coings soient tendres. Veillez à ce qu'ils ne se défassent pas.

Agneau aux pois chiches et aux abricots

Michmicheya

Les Tunisiens ajoutent souvent du sucre à ce plat mais, si les abricots sont mûrs et très parfumés, on peut s'abstenir d'ajouter du sucre (bien que vous puissiez être tenté de l'adoucir pour obtenir un goût plus authentique).

Pour 4 à 6 personnes

3 cuil. à soupe d'huile d'olive
1 oignon d'Espagne, haché
675 g d'agneau maigre, coupé en cubes
175 g de pois chiches ayant trempé toute la nuit et égouttés
2 à 2 cuil. à café ½ de cannelle moulue
550 g d'abricots très mûrs et parfumés, dénoyautés et coupés en deux
Sel et poivre

Faites chauffer l'huile dans une poêle, puis faites revenir l'oignon jusqu'à ce qu'il soit tendre et doré. Incorporez la viande, faites rissoler jusqu'à ce qu'elle soit dorée puis ajoutez les pois chiches et assez d'eau pour recouvrir le tout. Portez à ébullition, écumez la mousse puis ajoutez la cannelle. Laissez mijoter 1 heure, jusqu'à ce que l'agneau et les pois chiches soient presque tendres. Ajoutez les abricots et l'assaisonnement et poursuivez la cuisson 20 minutes, le temps que les pois chiches soient cuits et la viande très tendre.

Merguez

La merguez *est une saucisse plus piquante que la saucisse de Francfort, mais peut-être trop épicée pour accompagner un petit déjeuner à l'anglaise! Les* merguez *doivent être très parfumées: si nécessaire, ajoutez des épices (pour vérifier leur parfum, découpez un petit morceau et faites-le frire avant de le goûter).*

Pour 4 personnes

350 g de bœuf, coupé en dés
150 g de gras de bœuf, coupé en dés
1 cuil. à café de paprika
1 cuil. d'un mélange de cannelle et de clous de girofle moulus, thym séché et poivre de Cayenne
Sel et poivre
2 à 4 cuil. à soupe d'eau glacée
Peau de saucisse
1 à 2 gousses d'ail, grossièrement hachées

Passez la viande, le gras et l'ail dans un hachoir manuel, puis mélangez avec les épices et l'assaisonnement. Vous pouvez aussi passer la viande, le gras, l'ail, les épices, le sel et le poivre au mixeur. Ajoutez un peu d'eau pour mouiller. Remplissez les peaux avec la préparation et faites-en des saucisses de 5 cm de long. Suspendez-les 24 heures dans un endroit aéré, sec et légèrement chauffé. Faites-les frire, griller ou bouillir et mangez-les chaudes ou froides.

Agneau au miel

Mrouzia

À l'époque où la réfrigération et la congélation n'étaient pas chose courante, ce tajine *marocain nourrissant et sucré était préparé après l'*Aïd el Kebir*, fête du sacrifice de l'agneau, pour conserver la viande. Dans cette recette, j'ai diminué la quantité de miel mais, comme le plat est encore très sucré, j'équilibre le goût avec du jus de citron. Préparez le* tajine *24 heures à l'avance (en fait il se conserve bien plus longtemps), puis réchauffez-le à feu doux le moment venu. En raison de son goût sucré, il n'est pas servi comme plat seul mais accompagné d'un assortiment de plats plus légers.*

Pour 6 personnes

115 g de beurre
1 pincée de stigmates de safran
1 cuil. à café de poivre noir fraîchement moulu
1 cuil. à café de cannelle moulue
2 cuil. à café de ras-el-hanout *(voir page 118)*
Sel
1,5 kg de collier d'agneau, avec l'os
225 g de raisins secs
3 oignons, finement hachés
175 g d'amandes, émondées
150 ml d'eau
175 g de miel liquide
Jus de citron

Dans un petit bol, écrasez le safran avec les autres épices et une pincée de sel. Badigeonnez l'agneau avec presque toute la préparation et mélangez le reste aux raisins secs. Placez l'agneau et le reste des ingrédients, à l'exception des raisins secs, du miel et du jus de citron, dans une sauteuse, portez à ébullition puis couvrez et faites cuire à petit feu, en remuant de temps à autre, 1 heure à 1 heure 15 environ, jusqu'à ce que la viande soit presque tendre ; si nécessaire, ajoutez de l'eau pour que la viande n'attache pas au fond de la sauteuse.

Ajoutez les raisins secs, le miel et plusieurs gouttes de jus de citron ; retirez le couvercle et poursuivez la cuisson 30 minutes environ, de manière à obtenir une sauce riche et épaisse.

À GAUCHE : *Âne de somme, Hassi-Berkane, Maroc.*

Agneau aux épices et tomates

Mefkoul

Les morceaux de jarret d'agneau sont cuits doucement sous un lit d'oignons bien dorés, et deviennent merveilleusement savoureux et tendres.

Pour 6 personnes

1 cuil. à café ½ de cannelle moulue
¼ de cuil. à café de cumin moulu
¼ de cuil. à café de gingembre moulu
1 petit bouquet de persil, haché
1 petit bouquet de coriandre, hachée
6 morceaux de jarret d'agneau, de 225 g et de 5 cm d'épaisseur chacun
3 cuil. à soupe d'huile d'olive
1 oignon d'Espagne ½, finement haché
Sel et poivre
1 cuil. à soupe ½ de purée de tomates
3 grosses belles tomates, pelées, épépinées et coupées en deux
Sucre en poudre

Dans un petit bol, mélangez la cannelle, le cumin, le gingembre, le persil et la coriandre. Recouvrez-en l'agneau et réservez au frais 3 à 4 heures.

Faites chauffer 2 cuil. à soupe ½ d'huile dans une cocotte en fonte, ajoutez l'oignon saupoudré de sel et faites-les revenir à feu doux, en remuant de temps en temps, jusqu'à ce que l'oignon soit doré et caramélisé. Retirez-le de la cocotte. Préchauffez le four à 170 °C (thermostat 3).

Faites rissoler l'agneau dans la cocotte, en versant un peu d'huile si nécessaire. Ajoutez l'éventuel reste de la préparation d'épices et d'herbes et assaisonnez, puis couvrez l'agneau avec les oignons. Dans un verre doseur, mélangez un peu d'eau avec la purée de tomates, puis versez-la sur les oignons. Ajouter assez d'eau pour que le tout soit presque recouvert, portez à petite ébullition puis couvrez bien et mettez au four 1 heure 45 environ, jusqu'à ce que l'agneau soit tendre.

Placez sur chaque morceau d'agneau une moitié de tomate, face coupée vers le bas. Goûtez l'assaisonnement du jus de cuisson puis arrosez les tomates. Saupoudrez de sucre en poudre, couvrez et remettez au four 20 minutes.

CI-DESSUS : *Boutique de paniers et d'épices de toutes les couleurs, à Essaouira, Maroc.*

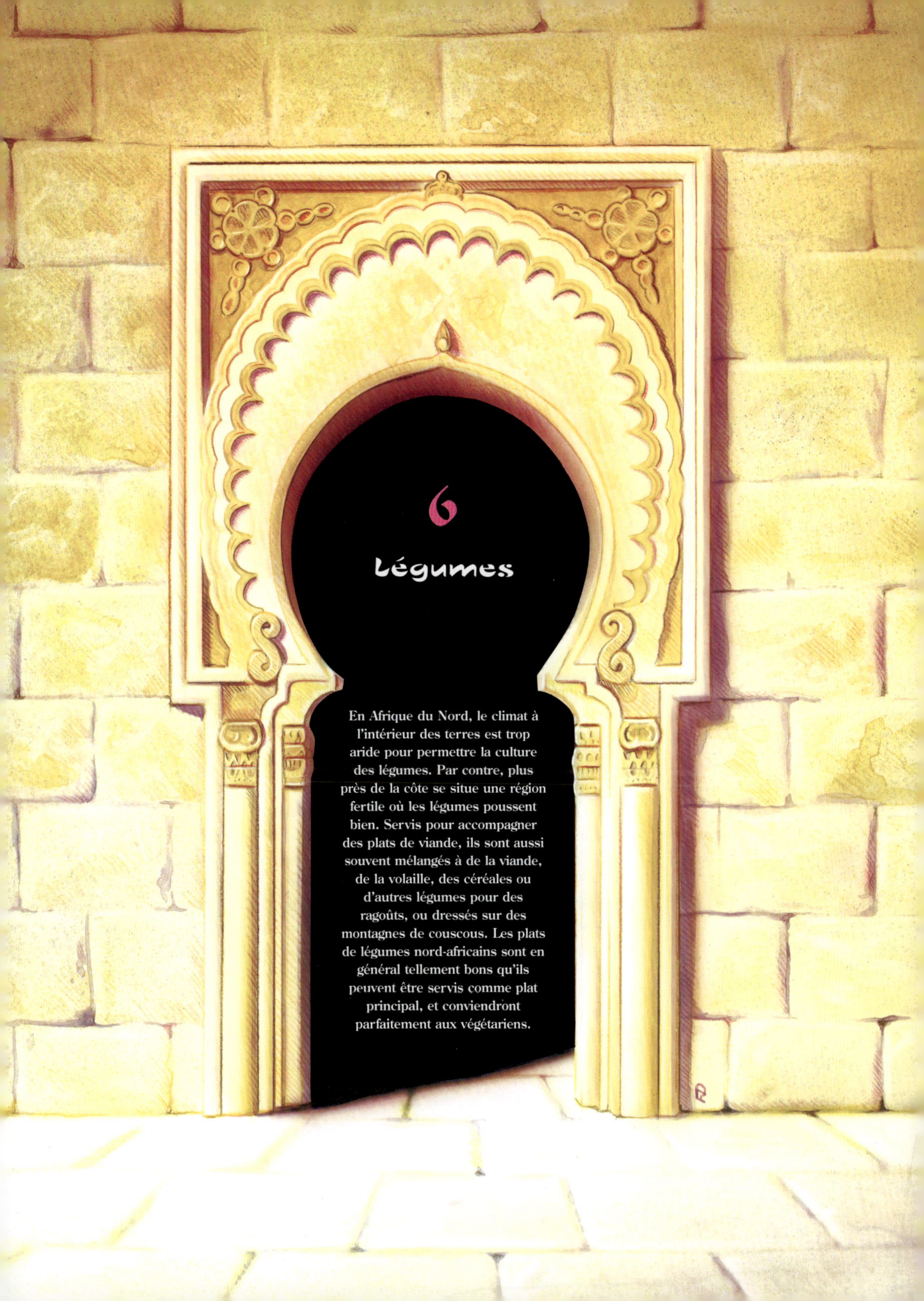

6

Légumes

En Afrique du Nord, le climat à l'intérieur des terres est trop aride pour permettre la culture des légumes. Par contre, plus près de la côte se situe une région fertile où les légumes poussent bien. Servis pour accompagner des plats de viande, ils sont aussi souvent mélangés à de la viande, de la volaille, des céréales ou d'autres légumes pour des ragoûts, ou dressés sur des montagnes de couscous. Les plats de légumes nord-africains sont en général tellement bons qu'ils peuvent être servis comme plat principal, et conviendront parfaitement aux végétariens.

Galettes de pommes de terre épicées

Cette savoureuse galette de pommes de terre est une recette algérienne. La purée de pommes de terre, une fois préparée et épicée, peut aussi être servie telle quelle.

Pour 4 à 6 personnes
900 g de purée de pommes de terre
1 cuil. à soupe de paprika
2 cuil. à café de cumin moulu
1 bonne pincée de poivre de Cayenne
1 bouquet de coriandre, hachée
3 œufs
Sel et poivre
Huile pour la friture

Dans une grande terrine, mélangez les pommes de terre avec les épices, la coriandre, les œufs, le sel et le poivre. Les mains enduites de farine, formez des galettes rondes et plates. Couvrez et réservez au frais 30 minutes.
Faites chauffer une fine couche d'huile dans une poêle puis ajoutez les galettes, plusieurs à la fois, et faites-les frire jusqu'à ce qu'elles soient croustillantes et dorées. Placez-les sur du papier absorbant pour les égoutter. Servez chaud.

Panais épicés

Mzoura I

Cette version de la Mzoura *tunisienne est à la fois sucrée et épicée, et il suffit d'ajouter de la* harissa *pour la relever un peu plus encore. J'ai aussi goûté une variante plus traditionnelle, réalisée avec des carottes.*

Pour 4 à 6 personnes
900 g de petits panais, coupés en rondelles
3 cuil. à soupe d'huile d'olive
1 petit oignon, finement haché
1 gousse d'ail, finement hachée
1 cuil. à café de harissa *(voir page 120)*
1 cuil. à café de cumin moulu
1 cuil. à café de coriandre moulue
1 cuil. à café de miel liquide
150 ml de bouillon de légumes
Sel et poivre
Coriandre hachée, pour décorer

Faites cuire les panais dans une casserole remplie d'eau bouillante pendant 7 minutes environ, puis égouttez. Entre-temps, faites chauffer l'huile dans une poêle puis ajoutez l'oignon et l'ail et faites-les revenir jusqu'à ce qu'ils soient tendres. Incorporez la *harissa* et les épices, mélangez puis ajoutez le miel, le bouillon, les panais et l'assaisonnement. Faites cuire 7 à 10 minutes, le temps que les panais soient tendres et que le jus de cuisson ait réduit en sauce. Servez chaud ou froid, saupoudré de coriandre.

À DROITE : en haut, *Panais épicés;* en bas, *Galettes de pommes de terre épicées.*

Couscous à l'orge concassé et aux fèves

Chicha sikouk

L'orge concassé, que l'on peut se procurer dans les magasins diététiques, fait un délicieux couscous *et lui donne un petit goût de noisette. C'est une recette du Maroc.*

Pour 4 personnes
450 g d'orge concassé
75 g de beurre, coupé en dés
150 g de petites fèves écossées
2 gros oignons nouveaux, émincés
Sel et poivre

Rincez l'orge sous l'eau froide puis laissez égoutter 3 minutes. Beurrez la partie supérieure d'un couscoussier ou d'une passoire en métal, tapissée de gaze stérile.
Pressez l'orge pour faire sortir l'excédent d'eau et mettez-le sur la partie supérieure du couscoussier, en frottant les grains pour les séparer. Couvrez le récipient de gaze, puis d'un couvercle, et ajustez-le sur la partie inférieure du couscoussier rempli d'eau bouillante. Faites cuire à la vapeur 20 minutes.
Versez l'orge sur une plaque de four et départagez les morceaux à l'aide d'une fourchette. Ajoutez 15 g de beurre et versez 450 ml d'eau très doucement pour que les grains ne deviennent pas pâteux, tout en remuant avec une fourchette. Laissez sécher 10 minutes avant de les couvrir à nouveau et de les remettre sur la partie inférieure du couscoussier. Faites cuire à la vapeur encore 20 minutes.
Versez à nouveau l'orge sur la plaque de four, départagez les éventuels morceaux et réservez 15 minutes. Entre-temps, faites cuire les fèves et les oignons dans un petit peu d'eau salée bouillante, jusqu'à ce qu'ils soient tendres. Égouttez et versez sur l'orge avec le reste de beurre, puis mélangez.

Ci-dessus : *Maisons basses au toit plat, habitations typiques de l'Afrique du Nord.*

Tajine aromatique aux pois chiches

Tajine bil hoummous

Au Maroc, les pois chiches sont parfois pelés pour rendre le plat plus « raffiné ». Mis à tremper au soleil, ils sont ensuite égouttés et frottés contre une corbeille en roseaux pour en retirer la peau.

Pour 4 à 6 personnes

900 g de pois chiches, ayant trempé toute la nuit et égouttés
4 cuil. à soupe d'huile d'olive
1 pincée de stigmates de safran, écrasés
¼ de cuil. à café de paprika
¼ de cuil. à café de cumin moulu
¼ de cuil. à café de gingembre moulu
¼ de cuil. à café de cannelle moulue
3 grosses tomates, pelées, épépinées et hachées
1 oignon d'Espagne, grossièrement râpé
4 brins de coriandre, hachés
6 brins de persil, hachés
Sel, poivre noir et piment rouge

Faites cuire les pois chiches dans de l'eau bouillante jusqu'à ce qu'ils soient tendres. Égouttez et pelez les pois (facultatif).

Faites chauffer l'huile dans une grande sauteuse, versez en remuant le safran et les autres épices et faites cuire jusqu'à en dégager l'arôme, puis ajoutez les tomates, l'oignon, la coriandre, les pois chiches et l'assaisonnement. Couvrez et réchauffez doucement 15 minutes environ, en remuant de temps en temps.

Tajine à l'oignon

Mezgaldi

Traditionnellement, le tajine *est muni d'un couvercle concave à l'intérieur duquel sont déposés des charbons rougeoyants, de sorte que les oignons cuisent par en-dessus et en-dessous. Dans les foyers modernes équipés de cuisinières, on utilise le four et le grill simultanément.*

Pour 4 à 6 personnes

1 cuil. à café de gingembre moulu
1 cuil. à café de grains de poivre noir, écrasés
4 cuil. à soupe de cannelle moulue
2 cuil. à soupe de sucre en poudre
¼ de cuil. à café de stigmates de safran écrasés
Sel
900 g d'oignons d'Espagne, émincés
100 ml d'huile d'olive
2 branches de céleri

Dans un petit bol, mélangez le gingembre, les grains de poivre noir, la moitié de la cannelle et du sucre, le safran et le sel. Disposez les rondelles d'oignon et le mélange d'épices en couches superposées dans un plat non métallique. Versez l'huile par-dessus, et réservez pendant 2 heures.

Disposez le céleri en croix dans un *tajine* ou une cocotte en fonte. Ajoutez les oignons et les épices. Dans un petit bol, mélangez le reste de sucre et de cannelle puis saupoudrez les oignons. Couvrez et faites cuire dans un four préchauffé à 170 °C (thermostat 3) 40 à 50 minutes jusqu'à ce que les oignons soient fondants. Faites gratiner sous un grill chaud.

Couscous aux abricots secs et aux amandes

Ce couscous *simple, léger et rapide à préparer est une recette moderne adaptée au type de semoule que l'on trouve aujourd'hui partout dans le commerce (voir page 11). Vous pouvez ajouter un peu de beurre ou d'huile, comme le veut la tradition, ou vous en passer.*

Pour 8 personnes

350 g de couscous *précuit (voir page 11)*
75 g d'abricots secs déjà dénoyautés, coupés en lamelles
Sel et poivre
50 g d'amandes, émondées, légèrement grillées
Coriandre fraîche hachée, pour décorer
Beurre doux ou huile d'olive, pour accompagner (facultatif)

Mettez le *couscous* dans une terrine et versez par-dessus 570 ml d'eau. Réservez 30 minutes environ, jusqu'à absorption presque complète de l'eau. Remuez souvent avec une fourchette pour empêcher les grains de coller. Ajoutez les abricots et l'assaisonnement et mélangez avec le *couscous,* puis versez le tout dans un couscoussier ou une passoire en métal tapissée de mousseline. Placez au-dessus d'une casserole remplie d'eau bouillante, couvrez bien avec du papier d'aluminium et faites cuire à la vapeur 20 minutes environ. Versez les amandes, la coriandre et le beurre ou l'huile.

Tajine aux légumes

La recette originale qui m'a été donnée pour ce tajine *inclut 75 g de raisins secs, mais je préfère ce plat sans raisins secs. Toutefois, si cela vous tente, ajoutez-les au moment de la préparation — c'est une question de goût ! Servez ce* tajine *sur du couscous ou du riz.*

Pour 4 personnes

100 g de pois chiches, ayant trempé toute la nuit puis égouttés et hachés
3 cuil. à soupe d'huile d'olive
4 petites carottes, coupées en rondelles
2 oignons, hachés
3 gousses d'ail, hachées
1 poivron vert, coupé en rondelles
2 courgettes, coupées en épaisses rondelles
1 cuil. à café de coriandre moulue
1 cuil. à café de cumin moulu
3 tomates, hachées
570 ml de bouillon
Sel et poivre
Jus d'un citron
2 cuil. à soupe de persil haché, pour décorer
4 oignons nouveaux sans les tiges, finement hachés, pour décorer

Cuire les pois chiches dans une casserole d'eau bouillante, jusqu'à ce qu'ils soient tendres ; le temps de cuisson variera en fonction de la maturité et de la variété des pois chiches. Entre-temps, faites chauffer l'huile dans une poêle, ajoutez les carottes et faites-les dorer. Retirez-les de la poêle et réservez-les. Faites fondre et dorer l'oignon et l'ail dans la poêle. Ajoutez le poivron et les courgettes et cuire jusqu'à ce qu'ils soient tendres. Versez les épices et poursuivez la cuisson jusqu'à en dégager l'arôme, puis ajoutez les tomates, les carottes, le bouillon et l'assaisonnement. Portez à ébullition. Égouttez les pois chiches, ajoutez-les à la préparation de légumes, couvrez et laissez mijoter 30 minutes environ. Versez le jus de citron en remuant, et saupoudrez avec le persil et les oignons.

Tajine aux gombos et aux tomates

Marak maticha bil meloukhias

Veillez à choisir des gombos de petite taille. À Tetouan, les cosses de gombos sont enfilées sur un fil de manière à pouvoir les retirer du tajine *une fois la cuisson terminée. Ce plat peut être servi comme plat principal, ou pour accompagner des viandes ou de la volaille grillées ou rôties.*

Pour 4 personnes

450 g de gombos frais
3 cuil. à soupe d'huile d'olive
1 gros oignon, finement haché
2 gousses d'ail, finement hachées
675 g de belles tomates, pelées, épépinées et hachées
1 pincée de paprika fort
4 cuil. à soupe de persil frais, haché
Sel et poivre

Coupez la tige des gombos en gardant la cosse intacte. Faites chauffer l'huile dans une poêle et faites-les revenir jusqu'à ce qu'ils soient légèrement brunis. Retirez-les.

Incorporez l'oignon et l'ail dans la poêle et faites-les revenir jusqu'à ce qu'ils soient tendres, mais pas dorés. Versez le paprika en remuant 30 secondes, puis ajoutez les tomates. Portez à ébullition puis faites mijoter 10 minutes. Ajoutez les gombos, la moitié du persil, beaucoup de poivre et très peu de sel. Laissez mijoter 30 minutes environ.

Si la sauce est encore liquide, transvasez les gombos dans un plat chaud et réservez au chaud. Faites bouillir la sauce jusqu'à ce qu'elle épaississe. Versez-la sur les gombos. Servez chaud ou froid, saupoudré du restant de persil.

Tajine aux bettes

Marak silk

On peut penser qu'il n'y aura pas assez de liquide pour faire cuire le riz mais les légumes, et plus particulièrement les bettes, perdent beaucoup d'eau. Le couvercle doit être très bien ajusté, de manière à ne permettre aucune évaporation (pour plus de sûreté, scellez avec du papier d'aluminium).

Pour 4 à 6 personnes

900 g de bettes
1 gousse d'ail, finement hachée
3 cuil. à soupe d'huile
1 cuil. à café de paprika
1 gros oignon, finement haché
40 g de riz long grain
4 cuil. à soupe de coriandre fraîche, hachée
4 cuil. à soupe d'eau
Sel et poivre

Séparez les feuilles des côtes de bettes. Coupez les feuilles en lanières et les côtes en morceaux de 1 cm de large.

Faites chauffer l'huile dans une cocotte en fonte, ajoutez les côtes et l'ail, couvrez et laissez cuire à feu doux 10 à 15 minutes, en remuant de temps à autre. Ajoutez le paprika en remuant 30 à 60 secondes puis l'oignon, les feuilles de bettes, le riz, la coriandre, l'eau et l'assaisonnement. Couvrez avec un couvercle hermétique et faites cuire en remuant de temps en temps 30 minutes environ, jusqu'à ce que le riz soit tendre; si nécessaire, ajoutez un peu d'eau durant la cuisson.

À DROITE : Tajine *aux gombos et aux tomates.*

Carottes aux épices et à l'aneth

Mzoura II

L'aneth, le gingembre et l'orange donnent à cette Mzoura *un goût original. En fin de cuisson, remuez la poêle pour que les carottes n'attachent pas.*

Pour 4 personnes

450 g de carottes, coupées en bâtonnets
25 g de beurre
1 cuil. à soupe de sucre
1 morceau de gingembre frais de 1 cm, épluché
Zeste d'une orange, râpé en épaisses lamelles
Sel et poivre
Quelques brins d'aneth, hachés

Mettez les carottes, le beurre, le sucre, le gingembre, le zeste d'orange et l'assaisonnement dans une poêle et recouvrez d'eau. Portez à ébullition puis laissez mijoter 12 minutes environ, jusqu'à ce que les carottes soient tendres et que le jus de cuisson se soit évaporé.

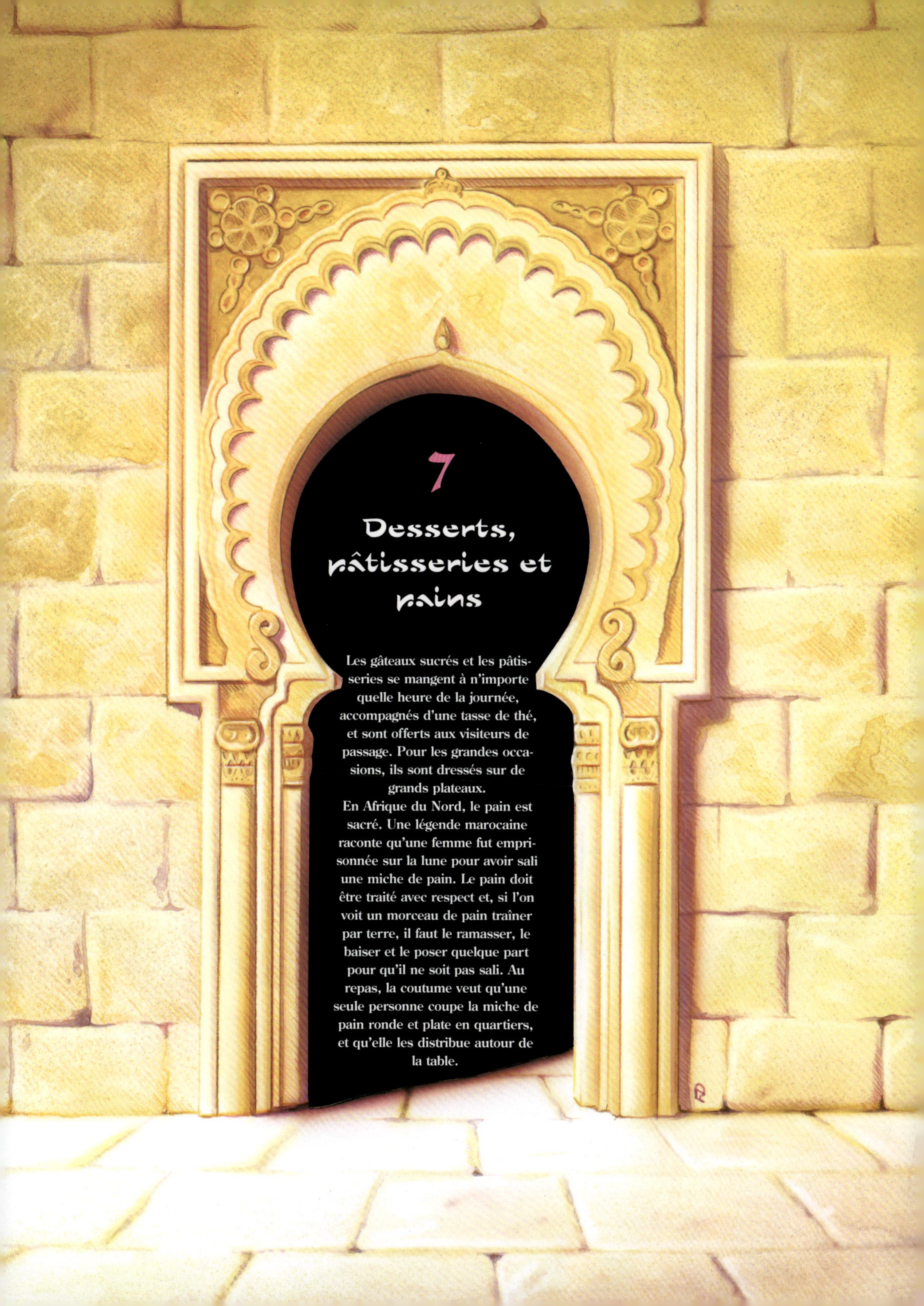

7

Desserts, pâtisseries et pains

Les gâteaux sucrés et les pâtisseries se mangent à n'importe quelle heure de la journée, accompagnés d'une tasse de thé, et sont offerts aux visiteurs de passage. Pour les grandes occasions, ils sont dressés sur de grands plateaux.
En Afrique du Nord, le pain est sacré. Une légende marocaine raconte qu'une femme fut emprisonnée sur la lune pour avoir sali une miche de pain. Le pain doit être traité avec respect et, si l'on voit un morceau de pain traîner par terre, il faut le ramasser, le baiser et le poser quelque part pour qu'il ne soit pas sali. Au repas, la coutume veut qu'une seule personne coupe la miche de pain ronde et plate en quartiers, et qu'elle les distribue autour de la table.

Gâteaux aux amandes

Ghoriba bil louz

Ces gâteaux aux amandes, nourrissants et croquants, sont une friandise arabe populaire. Ils sont délicieux servis avec du café.

Pour 30 biscuits environ

2 petits œufs

200 g de sucre glace, et plus pour le nappage

400 g d'amandes moulues

Zeste d'½ citron, râpé

2 cuil. à café de poudre à lever

Eau de fleur d'oranger ou eau de rose

À GAUCHE : *Gâteaux aux amandes.*

Préchauffez le four à 180 °C (thermostat 4). Graissez une plaque de four. Dans une terrine, battez énergiquement un œuf entier, 1 jaune d'œuf et le sucre, puis ajoutez les amandes moulues, le zeste de citron, la poudre à lever et l'eau de fleur d'oranger ou l'eau de rose, selon votre goût. Pétrissez soigneusement la pâte pour extraire l'huile des amandes et, si nécessaire, ajoutez le blanc d'œuf restant pour avoir une pâte homogène et facile à travailler.

Les mains huilées, formez avec la préparation des boulettes de la taille d'une noix, et travaillez-les en forme d'œuf.

Recouvrez un plat de sucre glace et aplatissez les boulettes sur le sucre glace. Disposez-les sur une plaque de four en les espaçant suffisamment, et mettez au four 15 minutes environ jusqu'à ce qu'elles soient dorées.

Pâte d'amandes au miel

Amalaw

*Voici un dessert très connu de la région de Souss, au sud-ouest du Maroc. La recette traditionnelle inclut une huile très parfumée faite avec les noix de l'arganier, un arbre que l'on trouve dans cette région uniquement et qui attire tellement les chèvres qu'elles n'hésitent pas à grimper dans les branches pour attraper ces noix au goût âcre et acide. L'*Amalaw *est servie avec du pain chaud ou frit, ou utilisée comme garniture pour les crêpes. À défaut d'huile d'argan, on peut utiliser de l'huile de noix.*

1 cuil. à soupe d'huile végétale

225 g d'amandes, émondées

100 g d'huile de noix

Sel

4 cuil. à soupe de miel

Faites chauffer un peu d'huile végétale dans une poêle, puis ajoutez les amandes et faites-les brunir. Égouttez-les sur du papier absorbant, puis versez-les avec l'huile de noix et le sel dans un mixeur et réduisez jusqu'à obtenir une purée lisse et crémeuse. Ajoutez le miel et mélangez, jusqu'à ce que la préparation soit homogène. Versez dans un pot, couvrez et réfrigérez. La pâte se conserve deux mois au moins.

Feuilletés

Rgaïf

La pâte de ces pâtisseries se travaille de la même manière que la pâte à croissants ou celle des pâtisseries danoises (mais sans beurre). Elle est roulée puis repliée pour lui donner une texture feuilletée et gaufrée.

Pour 4 personnes
450 g de farine
1 cuil. à soupe de levure déshydratée
1 œuf, battu
Env. 300 ml d'eau
Huile pour la friture
Beurre et miel, pour accompagner

Dans une terrine, mélangez la farine et la levure puis, tout en remuant et en fouettant la préparation, versez petit à petit la quantité d'eau nécessaire pour obtenir une pâte lisse, collante et homogène. Travaillez énergiquement la pâte 20 minutes environ, jusqu'à ce qu'elle soit ferme et très élastique.
Les mains enduites d'huile, divisez la pâte en 16 à 20 boulettes de la taille d'une prune. Sur une surface graissée, les mains et les doigts enduits d'huile, tapotez et étirez chaque boulette pour former un rectangle de 25 x 22,5 cm. Veillez à ne pas déchirer la pâte et à ce qu'elle soit uniformément fine. Rabattez les extrémités vers le centre. Repliez la pâte par la moitié une fois d'un côté, puis de l'autre. Tapotez-la à nouveau pour avoir un rectangle de 15 x 10 cm.
Faites chauffer une couche de 1 cm d'huile dans une poêle. Incorporez un *rgaïf* et faites-le frire jusqu'à ce qu'il gonfle et que le dessous devienne croustillant et doré, tout en arrosant le dessus d'un peu d'huile. Tournez le *rgaïf* et faites-le frire 1 minute environ. Servez chaud, accompagné de beurre et de miel.

À DROITE : *Tombe mozabite, Algérie.*

Délices aux noix et aux amandes

Foustouk machi

Ces noix servies dans une pâte d'amande parfumée à l'eau de rose sont une délicieuse manière de conclure un repas, selon la tradition tunisienne.

Pour 12 friandises

100 g d'amandes, moulues
1 cuil. à café d'eau de rose
1 jaune d'œuf
24 noix, coupées en deux
175 g de sucre, et du sucre supplémentaire pour le nappage
150 ml d'eau
1 cuil. à soupe de jus de citron

Mélangez les amandes moulues avec l'eau de rose, puis ajoutez assez de jaune d'œuf pour bien lier les ingrédients. Utilisez la préparation d'amandes pour réaliser des boulettes, serrées entre deux moitiés de noix.

Faites doucement chauffer le sucre dans l'eau et le jus de citron, en remuant jusqu'à dissolution du sucre. Augmentez le feu et faites bouillir pour que le sirop réduise de moitié.

À l'aide d'une cuillère et d'une fourchette, trempez les noix dans le sirop. Retirez-les puis passez-les dans le sucre pour bien les napper. Laissez sécher une nuit.

Poudre d'amandes aux graines de sésame

Sellaw

La tradition veut que l'on serve cette poudre lors des grandes occasions. Les invités en prennent une ou deux cuillerées, en accompagnement des autres desserts.

50 g de graines de sésame
50 g d'amandes, hachées
1 cuil. à soupe d'huile
½ à 1 cuil. à soupe de graines d'anis
225 g de farine
115 g de beurre, en petits dés
50 g de sucre
¼ à ½ de cuil. à café de sucre glace
Amandes entières ou effilées et sucre glace, pour décorer

Saupoudrez une plaque de four de graines de sésame, faites-les dorer sous le grill puis versez-les dans un mixeur.

Mélangez les amandes et l'huile sur une plaque et grillez-les au four, en remuant de temps en temps, jusqu'à ce qu'elles soient dorées. Versez-les ensuite dans le mixeur, ajoutez les graines d'anis et réduisez en purée lisse.

Faites roussir la farine dans une grande poêle à feu moyen, sans cesser de remuer. Une fois la farine roussie, retirez du feu. Faites fondre le beurre dans une sauteuse, versez la farine en remuant et faites revenir sans cesser de remuer, jusqu'à obtenir une pâte épaisse couleur caramel, en prenant garde de ne pas la brûler. Retirez du feu et incorporez la préparation de graines et d'amandes, le sucre en poudre, le sucre glace et la cannelle, puis mélangez. Laissez refroidir. Servez garni d'amandes et de lignes de sucre glace.

À DROITE : *Délices aux noix et aux amandes.*

Cornes de gazelle

Kaab el ghazal

Ce gâteau en forme de corne de gazelle, dit tcharak *en Algérie, est très souvent connu à l'étranger sous son nom français,* corne de gazelle. *On en trouve de nombreuses variantes dans toute l'Afrique du Nord. Si vous souhaitez donner à ce gâteau un léger parfum d'eau de fleur d'oranger, remplacez la moitié de la quantité d'eau par celle-ci.*

Pour 16 gâteaux environ

Pour la garniture

200 g d'amandes émondées, moulues
100 g de sucre en poudre
½ cuil. à café de cannelle moulue
Env. 2 cuil. à soupe d'eau de fleur d'oranger

Pour la pâte

200 g de farine
1 pincée de sel
2 cuil. à soupe d'huile de tournesol
150 à 175 ml d'eau de fleur d'oranger
Sucre glace, pour saupoudrer

Mélangez tous les ingrédients de la garniture et travaillez-les en pâte ferme ; sèche dans un premier temps, elle deviendra plus souple et collante alors que la chaleur de vos mains fera sortir l'huile des amandes. Réservez.

Préchauffez le four à 190 °C (thermostat 4). Graissez une plaque de four. Pour faire la pâte, tamiser la farine et le sel dans une grande terrine et mélangez avec l'huile. Versez quelques gouttes d'eau de fleur d'oranger pour rendre la pâte plus molle et homogène. Travaillez la pâte jusqu'à ce qu'elle soit lisse et souple.

Sur une surface farinée, étalez la pâte en couche fine et coupez des bandes larges de 7,5 cm de long. Avec la garniture, faites des boulettes de la taille d'une noisette et roulez-les en forme de petites saucisses longues de 7,5 cm, en effilant les extrémités. Placez-les dans le sens de la longueur sur les bandes de pâte. Scellez les bords. À l'aide d'un emporte-pièce ou d'un couteau pointu, coupez l'excédent de garniture puis pressez les bords de manière à bien sceller la pâte.

Recourbez délicatement les gâteaux de manière à leur donner la forme d'une corne ou d'un croissant, puis déposez-les sur une plaque de four. Mettez au four 20 à 25 minutes jusqu'à ce qu'ils soient légèrement dorés. Laissez refroidir sur une grille, puis saupoudrez de sucre glace.

À DROITE : *Hibiscus en fleur à Carthage, Tunisie.*

Salade de pêches

Ce sont les Perses anciens qui ont introduit la pêche en Afrique du Nord, de même que le melon et la grenade. J'aime manger cette salade de fruits légère et délicatement parfumée sans autre accompagnement, mais elle peut être servie avec de la crème fraîche, du fromage blanc ou de la glace.

Pour 4 personnes
4 grosses pêches mûres, pelées (facultatif) et coupées en lamelles
Env. 3 cuil. à soupe de sucre
2 à 4 cuil. à café d'eau de rose ou de fleur d'oranger
Feuilles de menthe, pour décorer (facultatif)

Mettez les lamelles de pêche dans un plat de service peu profond, saupoudrez de sucre et d'eau de rose ou de fleur d'oranger et mélangez délicatement. Couvrez et réservez au frais 2 heures. Juste avant de servir, décorez avec quelques feuilles de menthe, si vous le souhaitez.

Crêpes au miel parfumé

Beghrir

Comme les petites crêpes épaisses anglaises, les Beghrir *sont cuits sur un côté, tandis que des bulles se forment sur le dessus et produisent cet effet nid d'abeille. C'est pour cette raison que le miel et le beurre sont complètement absorbés dans la crêpe. En Algérie, les* Beghrir *sont parfois faits avec de la semoule.*

Pour 4 à 6 personnes
450 g de farine
1 cuil. à soupe de levure déshydratée
1 œuf, battu
Env. 350 ml d'eau, ou d'eau et de lait mélangés
Beurre fondu et miel chaud parfumé à l'eau de fleur d'oranger, pour accompagner

Mélangez la farine et la levure dans une grande terrine. Incorporez l'œuf puis versez doucement l'eau ou le lait et l'eau mélangés, en remuant puis en fouettant jusqu'à obtenir une pâte à crêpes lisse, de la consistance d'une crème épaisse. Réservez 1 heure environ.

Graissez une plaque ou une poêle au fond épais et faites chauffer sur un feu moyen. Versez environ 3 cuil. à soupe de pâte à crêpes, pour qu'elle s'étende bien dans la poêle. Faites cuire jusqu'à ce que des petites bulles apparaissent et éclatent à la surface, et que le dessous soit légèrement brun doré. Servez aussitôt ou transvasez dans un grand plat; réservez au chaud pendant que vous faites cuire le reste de pâte à crêpes.

Faites chevaucher les petites crêpes en cercle autour du plat plutôt que de les empiler les unes sur les autres, ce qui les rendrait dures. Servez chaud, arrosé de beurre fondu et de miel chaud parfumé à l'eau de fleur d'oranger.

À GAUCHE : *Salade de pêches.*

Flan

Mouhallabeyia

Ce dessert est arrivé en Afrique du Nord par le Moyen-Orient. Sa texture est tout à la fois douce, soyeuse et quelque peu flasque. Vous pouvez remplacer la décoration d'amandes et de pistaches par des amandes que vous grillerez et, une fois dorées et croustillantes, vous les écraserez et les mélangerez à un peu de cannelle et de sucre.

Pour 4 à 6 personnes

5 cuil. à soupe de Maïzena
3 à 5 cuil. à soupe de sucre, selon votre goût
700 ml de lait entier
2 cuil. à soupe d'eau de fleur d'oranger
½ cuil. à café de zeste de citron (facultatif)
50 g d'amandes émondées et de pistaches mélangées

Dans un pot, mélangez la Maïzena et le sucre additionnés d'un peu de lait, de façon à obtenir une pâte. Faites bouillir le restant de lait. Versez en remuant un peu de lait bouilli dans la préparation de Maïzena, puis versez la préparation dans le lait mijotant. Faites cuire sans cesser de remuer, jusqu'à ce que le lait soit assez épais pour coller au dos d'une cuillère. Retirez du feu, versez l'eau de fleur d'oranger et le zeste de citron — si vous en utilisez — et mélangez. Versez dans un plat de service ou dans des coupes et laissez reposer, jusqu'à ce qu'une peau se forme à la surface. Ajoutez les amandes. Laissez refroidir, puis couvrez et réservez au frais.

Levure maison

Autrefois, il était difficile, voire impossible en Afrique du Nord de se procurer de la levure fraîche, et c'est ainsi que l'on a eu recours à une levure maison pour faire le pain. Le mélange de farine et d'eau est activé par la levure sauvage qui règne dans l'atmosphère. On le laisse ainsi fermenter avant de l'ajouter à la pâte à pain. Cette levure se conserve des années — soit on utilise la quantité nécessaire pour faire une miche de pain et on conserve le reste dans un peu de farine et d'eau, soit on réserve une portion de pâte à pain pour la fabrication de la prochaine miche de pain.

100 g de farine
2 cuil. à soupe de farine de maïs (polenta)
1 cuil. à soupe d'huile d'arachide
100 à 175 ml d'eau tiède

Mélangez la farine et la farine de maïs dans une terrine. Versez l'huile et 110 ml d'eau, et mélangez pour obtenir une pâte lisse. Transvasez-la sur un plan de travail et pétrissez-la avec 1 à 2 cuil. à soupe d'eau. Travaillez la pâte 10 à 15 minutes jusqu'à ce qu'elle soit lisse, souple et brillante. Saupoudrez la pâte de farine et formez une boule que l'on peut tenir des deux mains. Placez-la dans une terrine graissée, couvrez et laissez reposer 12 à 24 heures, jusqu'à ce qu'elle ait doublé de volume. La levure est alors prête.

Pudding au riz

Rouz bil halib

Le pudding au riz est populaire dans toute l'Afrique du Nord. Il n'est donc pas surprenant que tout le monde là-bas sache faire un délicieux pudding au riz (qui ne ressemble en rien au pudding anglais). Cuit longtemps et à feu très doux, le riz est adouci par le lait qu'il absorbe. C'est ainsi que le pudding devient très crémeux. Pour lui donner un peu plus de goût, on ajoute souvent des amandes. Autrefois, les amandes étaient pilées à la main dans un peu de lait aux amandes mais, de nos jours, il suffit de les moudre dans un mixeur avec un peu d'eau chaude, d'égoutter le mélange puis de recommencer l'opération. Enfin, et ce sera plus rapide, on peut tout simplement ajouter au pudding des amandes déjà moulues, additionnées d'un peu de lait. Le pudding en sera plus crémeux et plus savoureux, et d'une texture un peu différente.

Pour 4 personnes

Env. 1 l de lait
50 g de riz à grains ronds, rincé et égoutté
50 g de sucre
1 à 1 cuil. à soupe ½ d'eau de fleur d'oranger ou d'eau de rose
Pistaches ou amandes écrasées, violettes ou roses confites

Faites chauffer le lait dans une casserole à fond épais et si possible, qui n'attache pas. Jetez en pluie le riz et le sucre et portez à ébullition en remuant. Réduisez le feu et faites cuire très doucement, en remuant de temps à autre, jusqu'à ce que le pudding soit épais, velouté et qu'il coule facilement de la cuillère — il faut compter près de 2 heures. Si nécessaire, utilisez un diffuseur de chaleur pour éviter que le riz ne cuise trop rapidement ou qu'il ne colle. Enfin, versez l'eau de fleur d'oranger ou l'eau de rose, selon votre goût. Servez chaud ou froid, garni de pistaches et d'amandes, et de pétales de roses ou de violettes confites.

À GAUCHE : *Fresque murale près de Tamanrasset, Algérie.*

Pain marocain

Kisra - Khoubz

Le pain marocain est rond, doré et croustillant. À la campagne, on utilise souvent de la farine d'avoine ou de maïs, ou un mélange de plusieurs farines.

Pour 2 miches,
dont 1 pour servir de base au pain suivant (ou comme levure maison)
450 g de farine
4 cuil. à soupe de farine de maïs (polenta)
Sel
1 portion de levure maison (voir page 108)
Env. 375 ml d'eau chaude
Graines de sésame ou d'anis (facultatif), pour saupoudrer

Tamisez la farine, la farine de maïs et le sel dans une terrine. Ajoutez la levure maison, puis versez l'eau petit à petit pour obtenir une pâte lisse et malléable. Fouettez vigoureusement puis pétrissez la pâte 10 à 20 minutes, jusqu'à ce qu'elle soit ferme et souple et qu'elle se détache de la terrine.
Partagez la pâte en trois et réservez une portion qui servira de levure. Les mains enduites d'huile, formez des balles avec les deux autres, saupoudrez-les d'un peu de farine puis aplatissez-les en ronds de 13 cm de diamètre. Déposez-les sur une plaque de four farinée, couvrez et laissez lever — il faut qu'elle remonte lorsque l'on presse un doigt dessus.
Préchauffez le four à 200 °C (thermostat 6). Piquez chaque miche trois ou quatre fois avec une fourchette, saupoudrez de graines de sésame ou d'anis et mettez au four 50 minutes environ, jusqu'à ce que le pain soit doré et croustillant.

Sablés au beurre Ghoriba

Le nom, mais aussi l'emploi de beurre pour faire ces sablés tunisiens rappellent l'influence française.

Pour 30 biscuits environ
375 g de farine
1 pincée de sel
225 g de sucre glace, et plus pour saupoudrer
135 g de beurre, coupé en dés, fondu et tiédi

Tamisez la farine et le sel dans une terrine et faites un puits au centre. Versez le beurre fondu en introduisant petit à petit les ingrédients secs pour obtenir une pâte lisse. Mélangez jusqu'à former une boule, couvrez et réservez au frais.
Beurrez 2 plaques de four. Sur une surface farinée, travaillez la pâte jusqu'à ce qu'elle soit souple. Roulez des morceaux de la taille d'une noisette et aplatissez-les entre vos paumes. Disposez-les sur les plaques en laissant assez d'espace entre chacune. Laissez reposer au frais 20 à 30 minutes.
Préchauffez le four à 180 °C (thermostat 4). Enfournez les sablés 10 à 15 minutes. Laissez refroidir sur une grille de four puis saupoudrez-les de sucre glace.

À DROITE : *Pain marocain.*

Beignets aux raisins

Sfenaj

Au Maroc, l'odeur appétissante des beignets est une invitation à prendre son petit déjeuner ou à se restaurer dans la rue. Mais les vendeurs de rue n'ont pas l'exclusivité des beignets, car ils sont faciles à faire soi-même à la maison !

Pour 4 à 6 personnes

450 g de sucre
450 ml d'eau, plus 4 cuil. à soupe
3 cuil. à soupe d'eau de fleur d'oranger
225 g de farine
2 cuil. à soupe de jus de citron
1 pincée de sel
1 cuil. à café ½ de levure deshydratée
25 g de raisins secs
1 œuf
Huile pour la friture

Dans une casserole, faites chauffer doucement le sucre mélangé à 150 ml d'eau, en remuant jusqu'à ce que le sucre soit dissout. Augmentez le feu et faites bouillir jusqu'à ce que le sirop ait réduit d'un tiers. Ôtez du feu et ajoutez en remuant l'eau de fleur d'oranger et le jus de citron. Laissez refroidir.

Tamisez la farine additionnée de sel d, ajoutez la levure et les raisins secs puis mélangez. Faites un puits au milieu. Dans un pot, battez l'œuf avec le restant d'eau, puis versez-le doucement dans le puits et incorporez-y les ingrédients secs, pour obtenir une pâte souple et homogène; ajoutez un peu d'eau si nécessaire. Couvrez et laissez reposer le temps que la pâte double de volume.

Tournez la pâte sur une surface farinée et travaillez-la doucement 5 minutes. Divisez-la en 12 boulettes, puis aplatissez-les légèrement et faites un trou au milieu.

Dans une friteuse, faites chauffer l'huile à 180° et faites frire les beignets 5 à 8 minutes, jusqu'à ce qu'ils soient dorés. À l'aide d'une écumoire, transvasez les beignets sur du papier absorbant. Déposez-les ensuite dans un saladier, versez par-dessus le sirop et laissez tremper 2 heures environ.

CI-DESSUS : *Cuves de tanneurs à Fès, Médina, au Maroc.*

Serpentins aux amandes

M'hancha

Traduit du marocain, le nom de cette pâtisserie riche et délicatement parfumée à l'eau de fleur d'oranger signifie « serpent », et elle évoque avec justesse la manière dont se lovent les serpents. On peut conserver ces gâteaux plusieurs jours dans une boîte hermétique placée dans un endroit frais, mais pas au réfrigérateur. Si vous le souhaitez, réchauffez légèrement avant de servir.

Pour 12 pièces environ

225 g d'amandes, moulues
175 g de sucre glace
1 œuf, séparé
Quelques gouttes d'essence d'amande
1 cuil. à soupe ½ d'eau de rose
Sucre glace, pour saupoudrer
6 feuilles de brik
4 cuil. à soupe de beurre fondu ou d'huile d'olive
Sucre glace et cannelle moulue, pour saupoudrer

Dans une terrine, versez les amandes moulues et le sucre glace puis ajoutez le blanc d'œuf, l'essence d'amande et l'eau de rose et mélangez pour obtenir une pâte. Divisez-la en 3 parts égales. Tamisez du sucre glace sur un plan de travail, puis roulez chaque part de pâte d'amandes en un rouleau long de 48 cm et épais de 1 cm.

Badigeonnez d'huile ou de beurre fondu une feuille de *brik* puis couvrez-la d'une seconde feuille également beurrée ou huilée. Couvrez la pâte inutilisée d'un torchon humide. Disposez un rouleau de pâte d'amandes le long des feuilles de *brik*, à environ 2,5 cm du bord. Roulez les feuilles pour bien enfermer le rouleau de pâte d'amandes. Faites un serpentin avec le rouleau en partant du centre d'un moule à flan de 20 cm de diamètre, et au fond détachable. Répétez l'opération avec le reste des rouleaux, en joignant l'extrémité du rouleau à celle du suivant. Battez le jaune d'œuf avec une pincée de cannelle moulue dans un petit bol, puis badigeonnez-en le dessus. Placez dans un four préchauffé à 180 °C (thermostat 4) pour 30 minutes environ, jusqu'à ce que le dessus soit doré et croustillant. Détachez le fond du moule, retournez délicatement le serpentin, replacez-le sur le fond du moule et remettez au four 10 minutes jusqu'à ce que le dessous soit brun. Retournez-le à nouveau sur une grille de four et laissez refroidir un peu. Saupoudrez de sucre glace puis dessinez avec la cannelle moulue des lignes qui s'entrecroisent. Servez chaud, coupé en tranches.

Cigares aux amandes et graines de sésame

Samsa

Comme toutes les pâtisseries arabes, ces cigares tunisiens sont très sucrés et on ne peut en manger qu'un ou deux à la fois. Heureusement, ils se conservent facilement dans une boîte hermétique.

Pour 24 pièces environ
150 g de sucre
300 ml d'eau
1 cuil. à soupe de jus de citron
Eau de fleur d'oranger
225 g d'amandes, émondées, légèrement grillées et moulues
1 cuil. à café ½ de zeste d'orange, finement râpé
1 cuil. à café ½ de cannelle moulue (facultatif)
Env. 115 g de feuille de brik
Huile d'olive, pour badigeonner
Graines de sésame, légèrement grillées, pour décorer

Versez l'eau et 115 g de sucre dans une casserole, puis faites chauffer doucement en remuant jusqu'à ce que le sucre soit dissous dans l'eau. Ajoutez le jus de citron et faites bouillir pour obtenir un sirop. Retirez du feu et ajoutez l'eau de fleur d'oranger. Laissez refroidir.

Préchauffez le four à 180 °C (thermostat 4). Dans un saladier, mélangez les amandes moulues, le zeste d'orange, la cannelle (facultatif) et le restant de sucre.

Badigeonnez une feuille de brik d'huile d'olive ; réservez les autres feuilles dans une serviette humide. Découpez la feuille légèrement huilée en trois bandes dans le sens de la longueur. Déposez une petite cuillerée de farce au bas de chaque bande.

Rabattez les bords sur la farce, puis roulez la pâte du bas vers le haut dans le sens de la longueur. Badigeonnez d'huile les deux extrémités et scellez la pâte. Badigeonnez d'huile le gâteau avant de le déposer sur une plaque de four. Répétez l'opération avec le restant de feuilles et de farce. Faites cuire les gâteaux 15 à 20 minutes, jusqu'à ce qu'ils soient croustillants et dorés.

Plongez les gâteaux dans le sirop chaud et laissez-les tremper 3 minutes environ pour qu'ils soient bien imprégnés de sirop, puis réservez-les sur un plat et saupoudrez-les généreusement de graines de sésame. Laissez refroidir avant de servir.

CI DESSUS : *Amphithéâtre romain à El Djem, Tunisie.*

Pain Pita

Bien qu'il soit facile de se procurer du pain pita en Afrique du Nord, il y a encore des personnes qui continuent de faire leur pâte elles-mêmes et l'apportent chez le boulanger pour la cuire, ou qui l'achètent fraîchement cuite dans de petites échoppes, sortes de kiosques de rue à peine mieux équipés.

La pâte peut être parfumée avec du cumin moulu ou des herbes ou, une fois mise en forme, badigeonnée d'une bonne huile d'olive et saupoudrée de graines de sésame ou d'une pluie de zaatar *mélangé à du sel.*

Pour obtenir cette forme typiquement creuse et soufflée, il faut un four très chaud (la tradition voudrait que ce soit cuit au feu de bois) ; pensez à allumer votre four bien à l'avance, de manière à ce qu'il ait assez de temps pour chauffer, mais il est malgré tout possible que certains fours n'atteignent pas la température nécessaire. Je vous conseille également de préchauffer les plaques de four 2 minutes. Il est également possible de faire cuire le pain sous un grill très chaud.

Pour 12 pièces environ

15 g de levure de boulanger, ou 1 cuil. à café ½ de levure deshydratée
1 pincée de sucre (facultatif)
Env. 275 ml d'eau chaude
450 g de farine non blanchie
Sel
1 cuil. à soupe d'huile d'olive, et plus pour badigeonner

Dans un bol, versez la levure de boulanger et, si vous ajoutez du sucre, ajoutez un peu d'eau pour mélanger puis réservez jusqu'à ce que ce soit mousseux. Dans une terrine, tamisez la farine additionnée d'une pincée de sel. Faites un puits. Versez la préparation de levure, s'il y a lieu, le reste d'eau et l'huile dans le puits et mélangez petit à petit aux ingrédients secs, d'abord à l'aide d'une cuillère en bois puis à la main. Malaxez pour obtenir une pâte ferme et souple.

Transvasez la pâte sur une surface légèrement saupoudrée de farine et travaillez-la 15 minutes environ, jusqu'à ce qu'elle soit lisse et élastique. Huilez abondamment un bol, placez-y la pâte et retournez-la pour la napper d'huile. Couvrez et laissez reposer à température ambiante jusqu'à ce qu'elle ait doublé de volume.

Transvasez la pâte sur un plan de travail et travaillez-la un court instant. Divisez-la en 12 parts égales. Aplatissez chaque part avec la paume de votre main pour parvenir à 5 mm d'épaisseur, et 10 cm de diamètre. Badigeonnez d'huile et disposez-les sur des plaques de four, en les espaçant bien. Couvrez avec un torchon fariné et laissez la pâte lever 20 minutes environ. Préchauffez le four au maximum.

Humidifiez le dessus de chaque portion avec un peu d'eau, pour l'empêcher de griller. Si vous cuisez au four, transvasez quelques portions sur une plaque de four huilée et préchauffée et mettez au four 3 minutes, puis baissez la température à 230 °C (thermostat 8) et poursuivez la cuisson 2 à 3 minutes, jusqu'à ce que la pâte ait gonflé et qu'elle soit couverte de petites taches brunes.

Si vous utilisez le grill, placez les portions de pain, plusieurs à la fois, sous un grill préchauffé très chaud, en les espaçant assez pour qu'elles puissent lever, et laissez cuire jusqu'à ce que la pâte ait gonflé et soit tachetée de brun. Retournez les pièces aussitôt et laissez encore 1 minute sous le grill.

Emballez le pain qui ne sera pas mangé tout de suite dans un sachet en plastique pendant qu'il est encore chaud. Pour une conservation plus longue, placez-le au congélateur et décongelez-le directement sous le grill ou au four. Le pain devenu sec peut être rafraîchi en l'arrosant de quelques gouttes d'eau, puis en le réchauffant sous un grill ou un four préchauffé. Pour garder quelques pains chauds, conservez-les au four emballés dans du papier d'aluminium.

8

Mélanges d'épices, sauces et boissons

L'alcool étant déconseillé par l'islam, diverses boissons remplacent le vin. Il y a un tel choix de fruits succulents que les jus de fruits ou les boissons faites à base de fruits sont très populaires. Au Maroc, le thé à la menthe est « la » boisson par excellence. La préparation et la dégustation du thé sont accomplies avec solennité, et selon un certain rituel. On boit du thé à tout moment de la journée ainsi qu'à la fin du repas ; peu importe le lieu, l'âge des convives et les raisons de le boire, qui sont diverses et variées : le thé donne de l'énergie ou au contraire calme, il a des vertus thérapeutiques ou fait office de placebo.

Mélange d'épices

Ras-el-hanout

Cette recette pour mélanger des épices parfumées (voir page 11) a été simplifiée, ce qui sous-entend, bien sûr, qu'elle a un peu perdu de sa subtilité.

Pour 2 cuil. à soupe ½

6 baies de poivre de la Jamaïque
4 clous de girofle
1 cuil. à café ½ de graines de poivre noir
1 cuil. à café ¼ de graines de coriandre
1 cuil. à café de de cumin
¼ de cuil. à café de Cayenne
1 cuil. à café ½ de cannelle
1 cuil. à café de gingembre

Mettez toutes les épices entières dans un moulin ou un mortier, et réduisez en poudre. Ajoutez les épices moulues et mélangez. À l'aide d'une cuillère, versez-les dans une bouteille en verre. Conservez au frais, à l'abri de la lumière.

Zaatar

Réduit en pâte avec de l'huile d'olive, le zaatar *peut être étalé sur du pain avant qu'il soit cuit au four. Il peut aussi être servi comme sauce que l'on versera sur des légumes ou des boulettes de viande. Il se conserve 3 à 4 mois.*

50 g de graines de sésame
25 g de thym séché, en poudre
25 g de sumac, moulu

Faites chauffer les graines dans une poêle, en remuant souvent, jusqu'à ce qu'elles soient grillées. Laissez refroidir puis mélangez au thym et au sumac. Conservez dans un pot hermétique au frais, dans un lieu sec et à l'abri de la lumière.

Mélange aux cinq-épices

Kalat dagga

Ce mélange tunisien est utilisé pour les plats de légumes et d'agneau. L'épice dite « graines de paradis » (ou maniguette) est de la famille de la cardamome. Cette préparation peut se conserver 3 à 4 mois.

2 cuil. à café de clous de girofle
2 cuil. à café de poivre noir
1 cuil. à café de graines de paradis
1 cuil. à café de cannelle
1 cuil. à café de noix de muscade râpée

Concassez les clous de girofle, les grains de poivre et les graines de paradis dans un moulin ou dans un mortier, puis mélangez aux autres épices. Conservez dans un pot hermétique au frais, dans un endroit sec et à l'abri de la lumière.

Tabil

Tabil *signifie coriandre mais fait souvent référence au mélange d'épices tunisien, qui comprend de la coriandre.*

2 cuil. à soupe de graines de coriandre
1 cuil. à soupe de graines de cumin
4 gousses d'ail
2 piments rouges secs, écrasés

Préchauffez le four à la température la plus basse. Mélangez et concassez tous les ingrédients dans un mortier, puis éparpillez sur une plaque de four et mettez au four 30 minutes environ, jusqu'à ce que les épices soient séchées. Moulez les épices séchées jusqu'à les réduire en poudre fine. Conservez dans une boîte hermétique 4 mois au maximum.

Harissa

La harissa, *ou* l'arhissa *comme on l'appelle parfois, est une pâte très épicée à base de piments. Elle évoque avant tout la Tunisie, mais on l'emploie également en Algérie et au Maroc. Elle peut être servie comme condiment de table dans un petit plat, ou être utilisée pour la cuisine et relever une viande, de la volaille ou un mets de légumes, des soupes parfumées au safran, des ragoûts ou des poivrons et des tomates cuits longuement. Elle est aussi utilisée comme base pour les œufs pochés ou pour compléter des hors-d'œuvre, des sauces ou des vinaigrettes.*

50 g de piments rouges séchés ayant trempé dans de l'eau chaude pendant 1 heure
2 gousses d'ail, hachées
2 cuil. à café de graines de coriandre
2 cuil. à café de graines de cumin
2 cuil. à café de graines de carvi
1 pincée de sel
6 cuil. à soupe d'huile d'olive

Égouttez les piments, mettez-les dans un mortier, un moulin à épices ou un petit mixeur et mélangez avec l'ail, les épices et le sel. Réduisez en purée puis ajoutez 3 cuil. à soupe d'huile d'olive. Transvasez dans un petit pot et versez un peu d'huile sur le dessus. Fermez et conservez au réfrigérateur 6 semaines au maximum.

Beurre marocain

Smen

Voici une manière simplifiée de préparer du smen *(voir page 11).*

450 g de beurre doux, coupé en dés
1 cuil. à soupe de gros sel
¼ de cuil. à café d'herbes de Provence

Faites chauffer doucement le beurre dans une casserole jusqu'à ce qu'il ait fondu, puis portez à ébullition. Baissez le feu et laissez mijoter 3 à 4 minutes, jusqu'à ce qu'il soit clair et qu'une autre couche se détache au fond de la casserole. Tapissez une passoire de gaze stérile, préalablement passée à l'eau chaude et essorée, et saupoudrez de sel et d'herbes. Versez le beurre clair dans la passoire et laissez-le s'écouler à travers la gaze. Recommencez l'opération et cette fois laissez le beurre s'écouler dans un pot propre et sec. Fermez et conservez au réfrigérateur jusqu'à 6 semaines.

À DROITE : *La harissa.*

Lait aux amandes

Charbat bil louz

Pour un arôme très fin, choisissez de préférence des amandes fraîches.

Pour 3 à 4 personnes
250 ml de lait froid
225 g d'amandes entières, émondées
225 g d'eau glacée
Sucre en poudre
Eau de rose ou de fleur d'oranger

Mélangez le lait et les amandes dans un mixeur jusqu'à obtenir un mélange homogène. Passez-le, en pressant fermement de manière à extraire autant de jus que possible. Ajoutez l'eau au lait d'amandes, puis versez le sucre et mélangez jusqu'à ce qu'il soit dissout. Ajoutez ensuite l'eau de rose ou de fleur d'oranger. Réfrigérez avant de servir.

Frappé à la pomme

Charbat

Voici une boisson nourrissante et rafraîchissante faite avec du lait et des fruits ou du lait de coco. Servie en fin d'après-midi quand il a fait très chaud toute la journée, elle est irrésistible et saura faire patienter vos invités jusqu'au dîner !

Pour 2 à 4 personnes
2 pommes Cox Orange ou Reinettes, pelées et hachées
450 ml de lait froid
2 cuil. à soupe de sucre en poudre
Env. 1 cuil. à café ½ d'eau de rose ou de fleur d'oranger
Glace pilée, pour accompagner (facultatif)

Placez les pommes, le lait et le sucre dans un mixeur pour les réduire en une purée lisse. Ajoutez l'eau de rose ou l'eau de fleur d'oranger, selon votre goût. Servez dans des verres frais, remplis de glace pilée si vous le souhaitez.

Thé à la menthe

Tchaï

Ce thé doux et léger, particulièrement populaire au Maroc, est fait avec du thé vert de Chine et de la menthe fraîche. Il fait partie du traditionnel rituel d'hospitalité et est servi sur un plateau, dans une théière en argent avec un sucrier; le samovar et les verres à thé peints à la main transforment la table de thé en un tableau magnifique.

1 cuil. à soupe ½ de thé vert
Eau bouillante
3 cuil. à soupe de sucre, ou selon votre goût
1 poignée de feuilles de menthe verte fraîche

À GAUCHE : *Frappé à la pomme.*

Mettez le thé dans une théière de 900 ml. Versez une tasse d'eau bouillante puis déversez-la aussitôt; il s'agit de laver les feuilles de thé. Ajoutez le sucre, selon votre goût, et les feuilles de menthe. Versez l'eau bouillante à 30 cm au-dessus de la théière (pour oxygéner le thé préparé), et mélangez soigneusement. Servez le thé très chaud, en le versant à nouveau à 30 cm au-dessus des verres.

Citrons confits à l'huile

Voici une autre manière de conserver des citrons, plutôt que de les emballer dans du sel (voir page suivante). Ils se marient merveilleusement avec le poisson blanc (voir Daurade aux citrons confits, page 50). Cette recette convient également très bien aux citrons verts.

4 gros citrons
Sel
Quelques brins de coriandre
2 belles gousses d'ail, légèrement écrasées
1 à 2 piments rouges séchés
Huile d'olive, pour couvrir

Coupez les citrons en rondelles épaisses, retirez les pépins. Saupoudrez de sel et laissez reposer dans une passoire 24 heures. Rincez et séchez les citrons avant de les disposer dans un pot en verre propre et sec, tout en incorporant la coriandre, l'ail et les piments sur les côtés à mesure que vous remplissez. Recouvrez d'huile d'olive. Faites tourner le pot pour évacuer les bulles d'air. Fermez et réservez au moins 1 mois, en remuant le pot de temps en temps.

Citrons confits

Les citrons conservés dans du sel perdent toute leur acidité. Leur saveur unique et leur texture soyeuse sont une caractéristique de la cuisine nord-africaine, et de la cuisine marocaine en particulier. Ils peuvent également être ajoutés à des plats non marocains. Les citrons confits sont faciles à préparer. Je propose deux variantes — une nature et l'autre additionnée de Safi*, un mélange d'épices moins couramment utilisé. Les citrons à l'écorce plus fine donneront plus de jus. Une fois le pot ouvert, les citrons se conserveront jusqu'à un an, hors du réfrigérateur, mais une couche d'huile recouvrant la surface permettra de conserver toute leur fraîcheur.*

Beaux citrons juteux, à l'écorce fine de préférence
Gros sel

Mettez 2 cuil. à soupe de gros sel dans un bocal stérilisé. Tout en tenant un citron au-dessus d'une assiette pour en recueillir le jus, à l'aide d'un couteau inoxydable, coupez le dans le sens de la longueur mais sans le départager complètement (il faut que les 2 moitiés restent jointes). Retirez les pépins. Versez 1 cuil. à soupe de gros sel dans la fente puis refermez et déposez le citron dans le bocal. Procédez ainsi avec les citrons restants, en les superposant l'un sur l'autre dans le bocal et en pressant fermement chaque nouvelle couche jusqu'à ce que le bocal soit rempli.
Pressez le jus d'un citron par-dessus les citrons. Saupoudrez d'un peu de gros sel puis recouvrez d'eau bouillante. Fermez le bocal en serrant fort et conservez dans un endroit chauffé 3 à 4 semaines. Ne vous inquiétez pas si, plus tard, vous voyez se former un léger dépôt blanc à la surface ou sur les citrons, cela ne présente aucun risque et s'enlève facilement.

Note : Si vous le souhaitez, vous pouvez ajouter entre les citrons une couche d'un mélange fait avec 1 bâton de cannelle, 3 clous de girofle, 6 graines de coriandre écrasées, 3 grains de poivre noir et 1 feuille de laurier.

Chermoula 1

Voici une recette de chermoula *qui est simple et peut servir de base à celles que vous inventerez vous-même, en fonction des plats que vous préparez. Par exemple, vous pouvez augmenter les proportions de persil, de coriandre ou de piment, ajouter un oignon râpé ou haché, ou modifier les proportions d'épices.*

Pour 4 personnes

3 gousses d'ail
Sel
¼ de piment rouge séché, haché
1 cuil. à soupe ½ de paprika
1 cuil. à soupe ½ de cumin moulu
3 cuil. à soupe de coriandre fraîche, hachée
3 cuil. à soupe de persil frais, haché
1 cuil. à soupe de jus de citron
3 cuil. à soupe ½ de vinaigre de vin blanc
1 cuil à soupe ½ d'huile d'olive

Versez l'ail, le sel et le piment dans un moulin à épices et réduisez en pâte. Ajoutez les épices moulues et les herbes, mélangez puis incorporez le jus de citron, le vinaigre et l'huile et mélangez jusqu'à obtenir une pâte lisse. Dans une casserole, faites chauffer doucement jusqu'à ce que l'arôme s'en dégage, mais ne laissez pas bouillir. Laissez refroidir avant utilisation.

Chermoula 2

Voici une variante plus consistante que la recette de chermoula *proposée ci-dessus.*

Pour 4 personnes

1 oignon d'Espagne, finement haché
2 belles gousses d'ail, finement hachées
1 pincée de stigmates de safran, légèrement grillés puis écrasés
½ cuil. à café de cumin moulu
¼ de cuil. à café de paprika
1 pincée de poivre de Cayenne
1 petit bouquet de persil et coriandre mélangés, hachés
Jus d'½ citron
6 cuil. à soupe d'huile d'olive
Sel

Mélangez tous les ingrédients, comme indiqué ci-dessus.

Index

Crédits photographiques pour les photos en extérieur

Nick Bailey : pages 6, 14, 18, 19, 26, 32, 34, 54, 85, 90, 101, 104, 109, 112, 114

Life File : pages 7, 9, 10, 12, 45, 86